Das Mathebuch 2

Lernkompass

Lernbegleitende Diagnostik

Name: ______________________________

Klasse: __________

Erarbeitet von:

Cathrin Höfling

Ulrike Hufschmidt

Myriam Kolbe

Julia Michalke

Dr. Sebastian Walter

Mildenberger

1 Immer 10. Bündele und trage ein.

a)
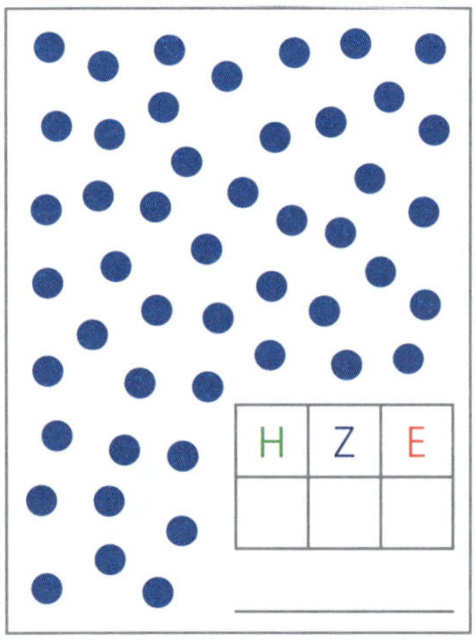

b)
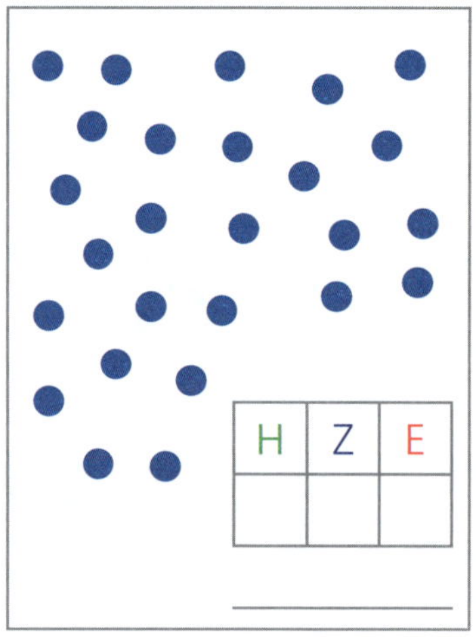

c)

2 Immer 10. Male und bündele. Trage ein.

a)

H	Z	E
	3	7

b)

H	Z	E
	2	4

c)

H	Z	E
	5	5

3 Finde die Zerlegung.

a)
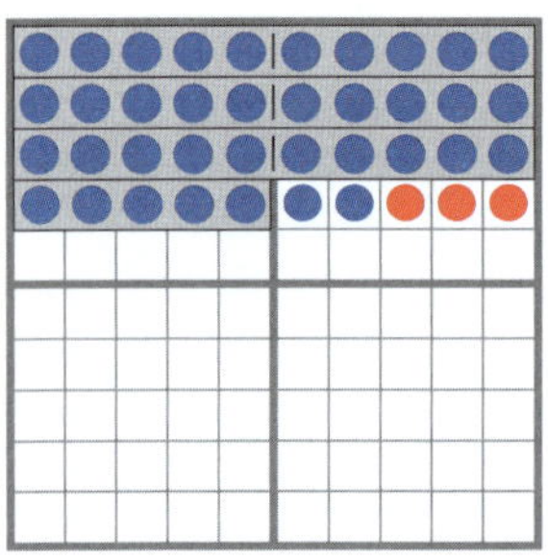

___ + ___ = ___

b)
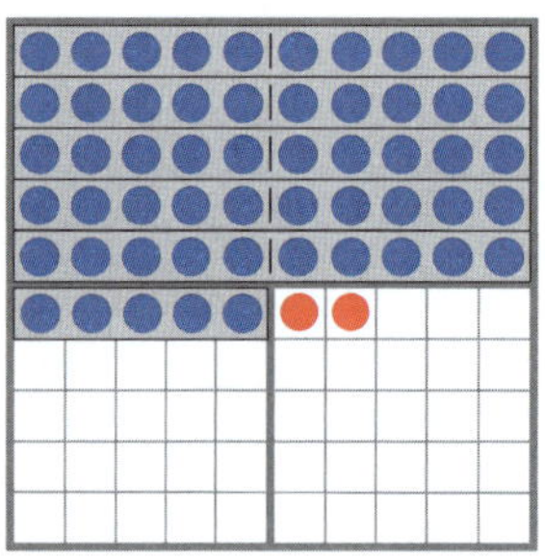

___ + ___ = ___

c)
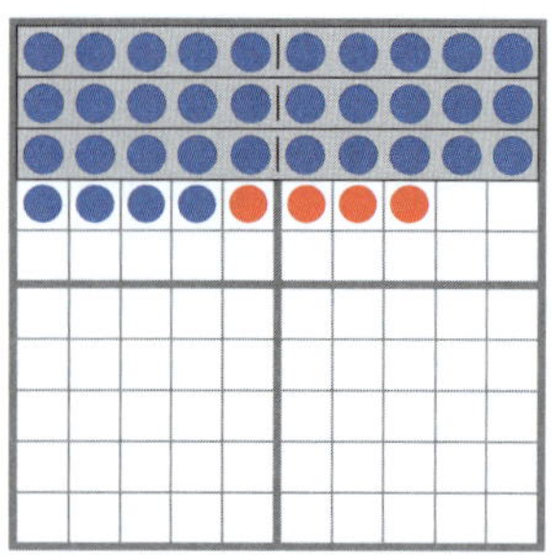

___ + ___ = ___

d)
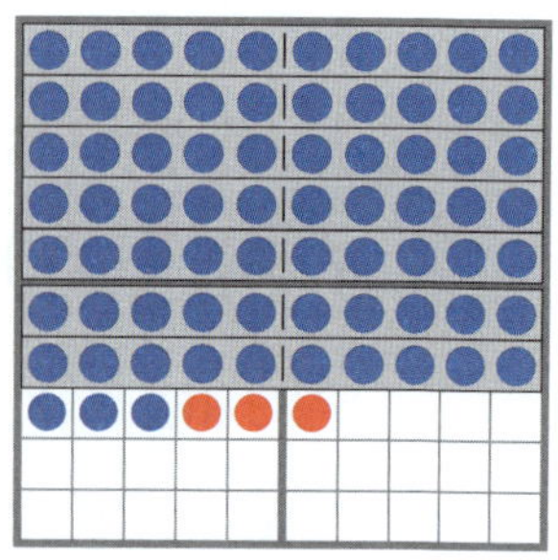

___ + ___ = ___

4 Finde drei Zerlegungen.

a) 16

___ + ___
___ + ___
___ + ___

b) 28

___ + ___
___ + ___
___ + ___

c) 65

___ + ___
___ + ___
___ + ___

d) 81

___ + ___
___ + ___
___ + ___

Diese Aufgaben waren für mich ☺ 😐 ☹

1 Trage ein.

a)

b)

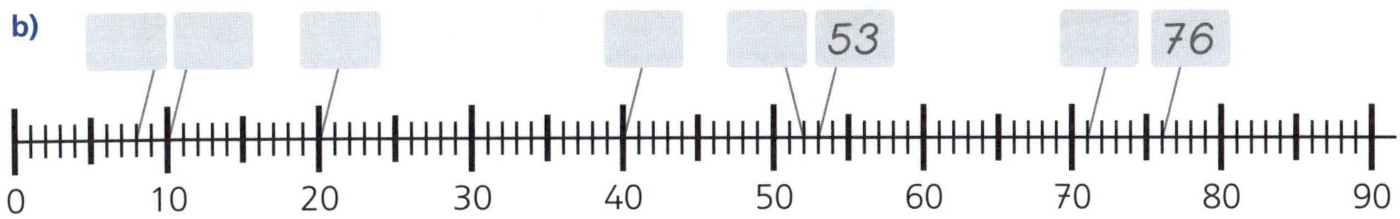

2 Verbinde.

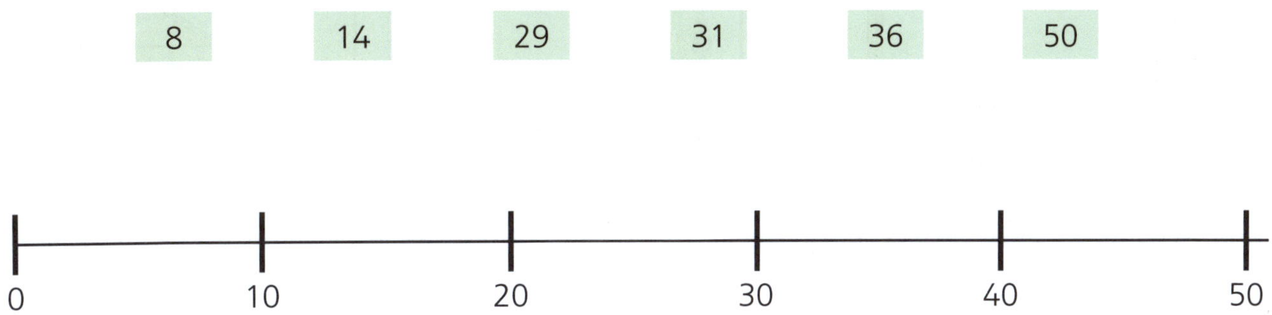

3 Trage ein.

a)

Vorgänger	**Zahl**	Nachfolger
	42	
	51	
	66	

b)

Vorgänger	**Zahl**	Nachfolger
	17	
	80	
	95	

4 Trage ein.

a)

Nachbarzehner	**Zahl**	Nachbarzehner
	27	
	68	
	16	

b)

Nachbarzehner	**Zahl**	Nachbarzehner
	34	
	81	
	99	

Diese Aufgaben waren für mich 

1 Ordne und schreibe der Länge nach auf. Beginne mit dem kürzesten Stift. Verwende <.

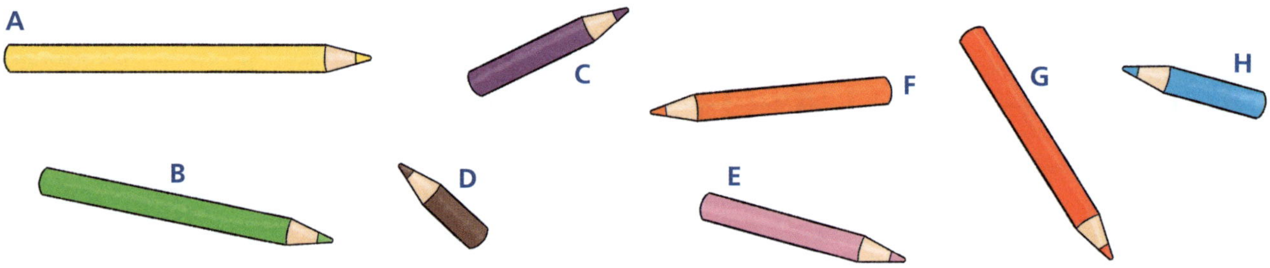

___ < ___ < ___ < ___ < ___ < ___ < ___ < ___

2 Schätze. Ordne die Maße den Bildern richtig zu. Verbinde.

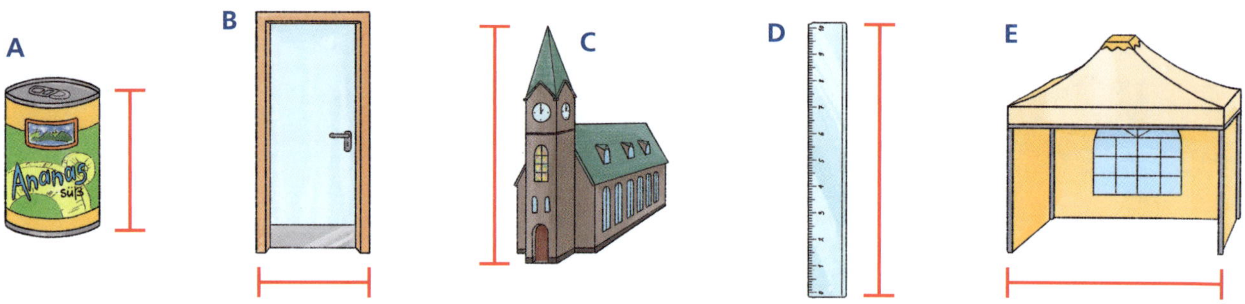

3 m   8 cm   1 m   150 m   10 cm

3 Rechne.

a) 20 cm + ___ = 100 cm
50 cm + ___ = 100 cm

b) 18 cm + 8 cm = ___
20 cm + 3 cm = ___

c) 40 cm + ___ = 1 m
90 cm + ___ = 1 m

d) 25 cm − 10 cm = ___
17 cm − 4 cm = ___

4 Kann das stimmen? Schreibe eine Begründung.

a) Ein Schulhaus ist 20 cm hoch.

Begründung: ______________________________

b) Ein Bleistift ist 4 m lang.

Begründung: ______________________________

Diese Aufgaben waren für mich ☺ 😐 ☹

1 Miss die Strecken mit Lineal. Schreibe auf.

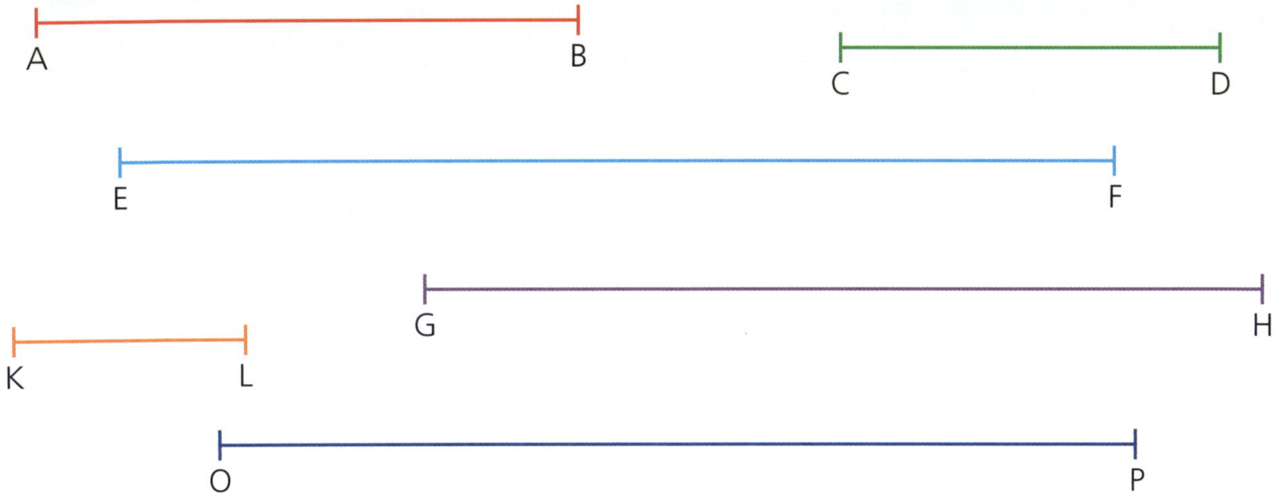

$\overline{AB}$ = ___________ $\overline{CD}$ = ___________ $\overline{EF}$ = ___________

$\overline{GH}$ = ___________ $\overline{KL}$ = ___________ $\overline{OP}$ = ___________

2 Zeichne die folgenden Strecken mit Lineal auf ein weißes Blatt.

a) $\overline{AB}$ = 2 cm **b)** $\overline{CD}$ = 10 cm **c)** $\overline{EF}$ = 7 cm

d) $\overline{GH}$ = 12 cm **e)** $\overline{KL}$ = 3 cm **f)** $\overline{MN}$ = 5 cm

3 Zeichne die zusammengesetzten Strecken mit Lineal auf ein weißes Blatt.

a) 1 cm + 2 cm + 3 cm **b)** 2 cm + 5 cm **c)** 3 cm + 10 cm + 2 cm

d) 6 cm + 7 cm + 1 cm **e)** 8 cm + 2 cm **f)** 7 cm + 7 cm + 7 cm

4 Rechne.

a) 1 m + 20 cm = ______
2 m + 10 cm = ______

b) 4 m + ______ = 4 m 20 cm
10 m + ______ = 10 m 50 cm

c) 20 cm + ______ = 2 m 20 cm
80 cm + ______ = 3 m 80 cm

d) 100 cm + 50 cm = ______
100 cm + 20 cm = ______

Diese Aufgaben waren für mich ☺ 😐 ☹

1 Markiere die Ecken rot.

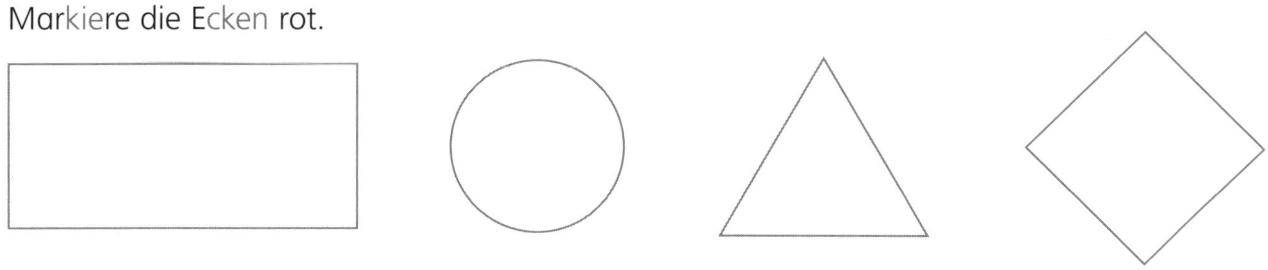

2 Markiere die Seiten blau.

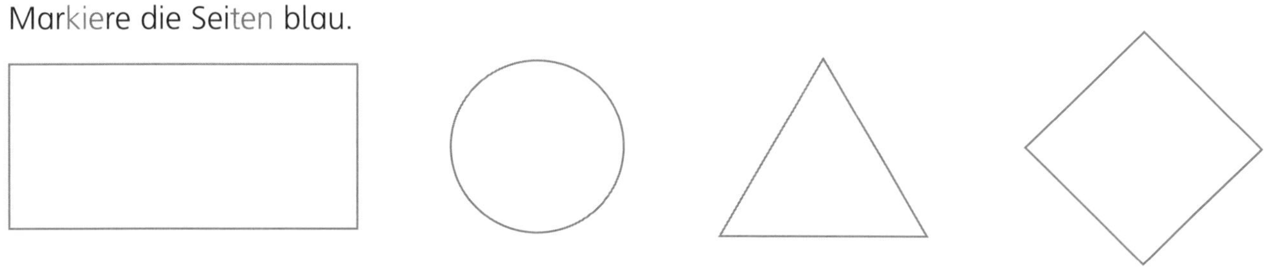

3 Zeichne die Figur genau ab.

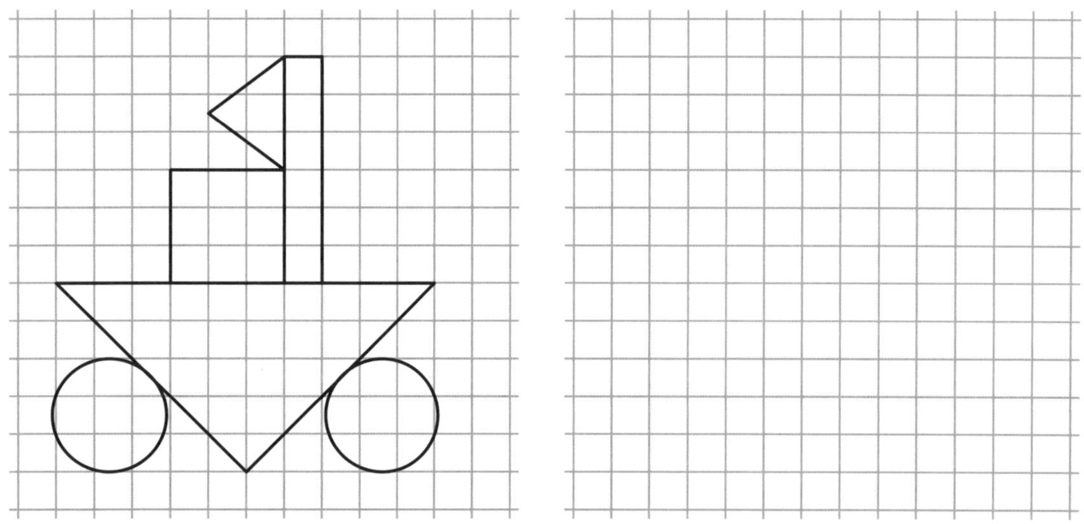

4 Wie viele Quadrate und Rechtecke findest du? Trage ein.

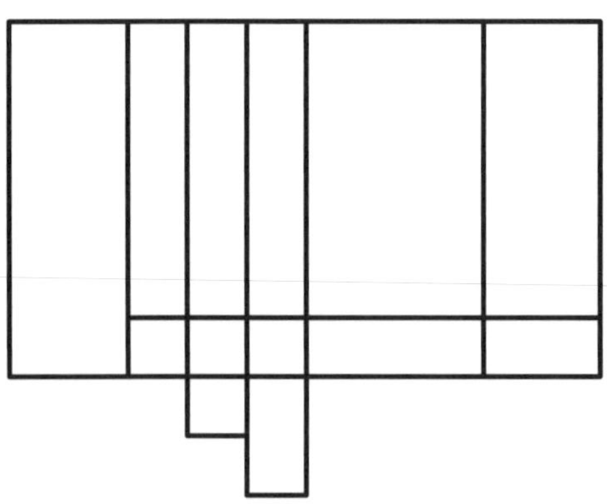

Quadrate:

Rechtecke:

Diese Aufgaben waren für mich

1 Finde das Spiegelbild. Kreuze an.

a) A B C

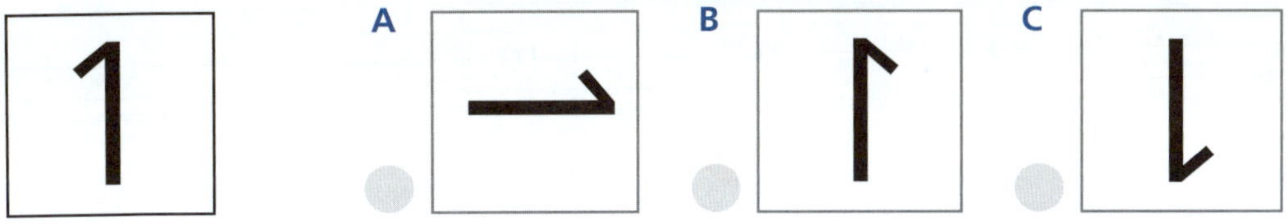

b) A B C

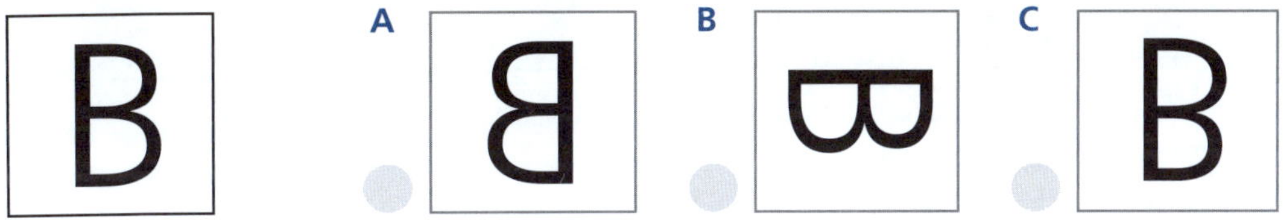

2 Finde alle Spiegelachsen. Zeichne sie rot ein.

a)

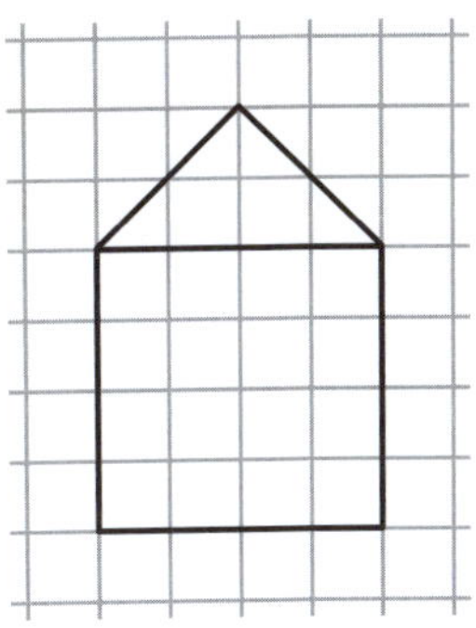

b)

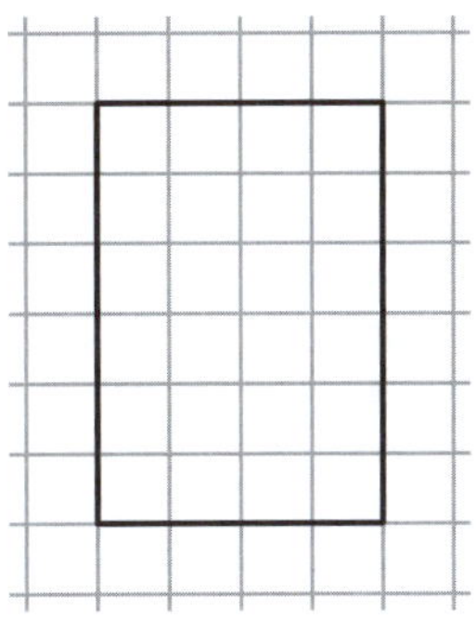

c)

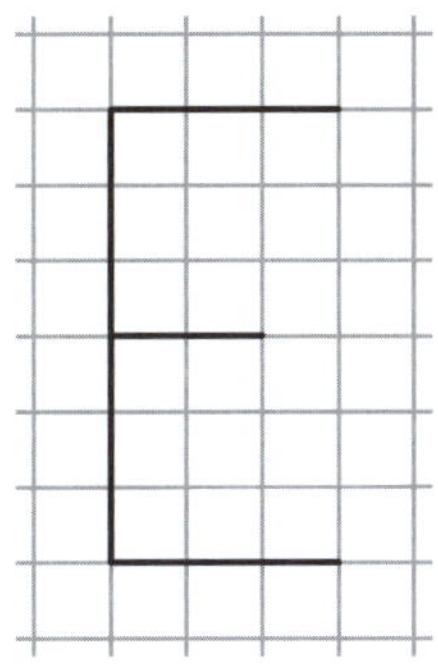

d)

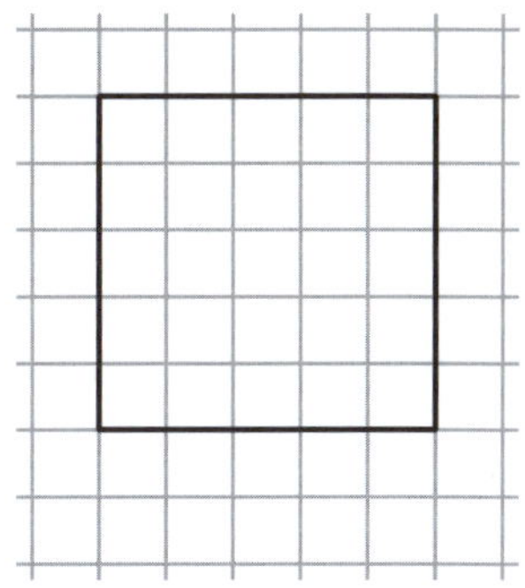

3 Zeichne symmetrische Figuren auf das Geobrett. Zeichne die Spiegelachse ein.

a)

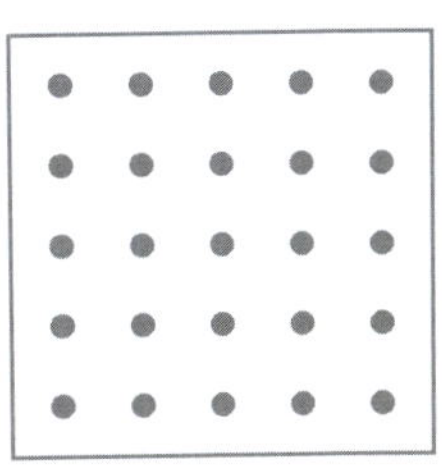

b)

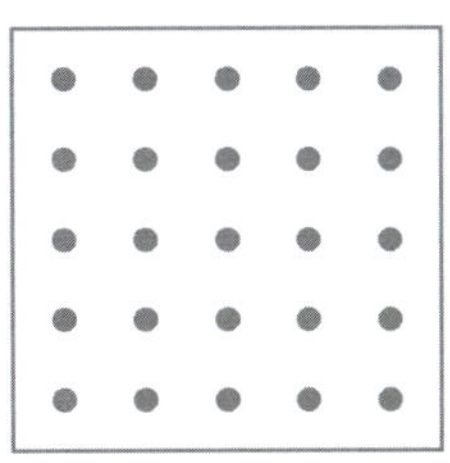

c)

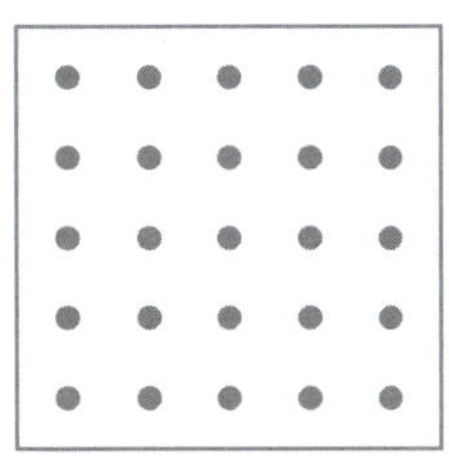

d)

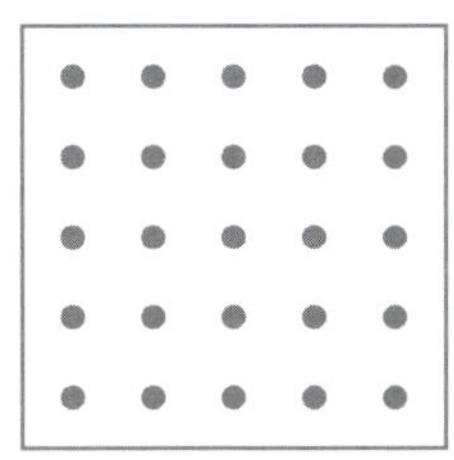

4 Verwandle in eine symmetrische Figur. Zeichne.

a)

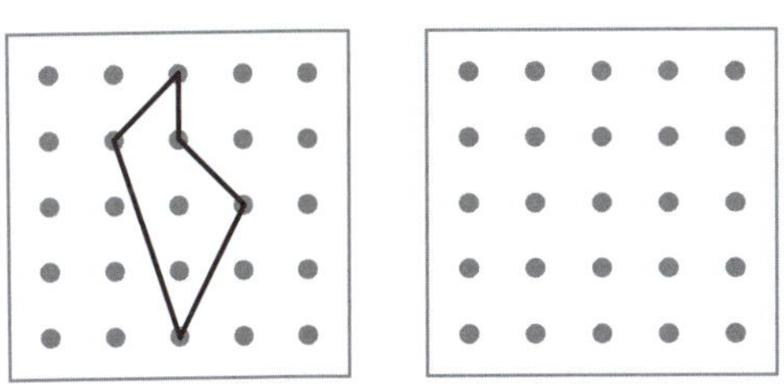

b)

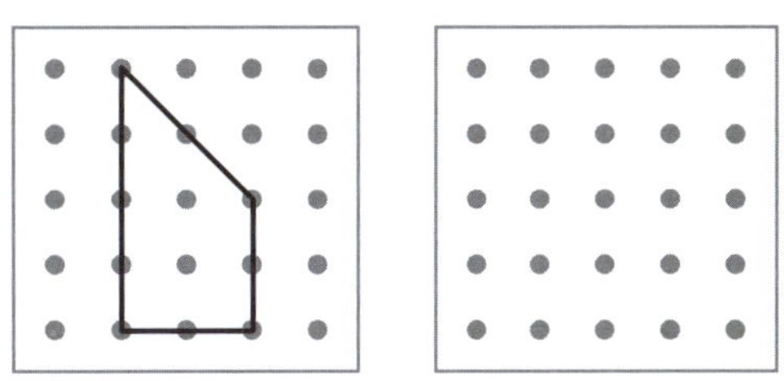

1 Welche Zahlen verstecken sich unter den Bildern?

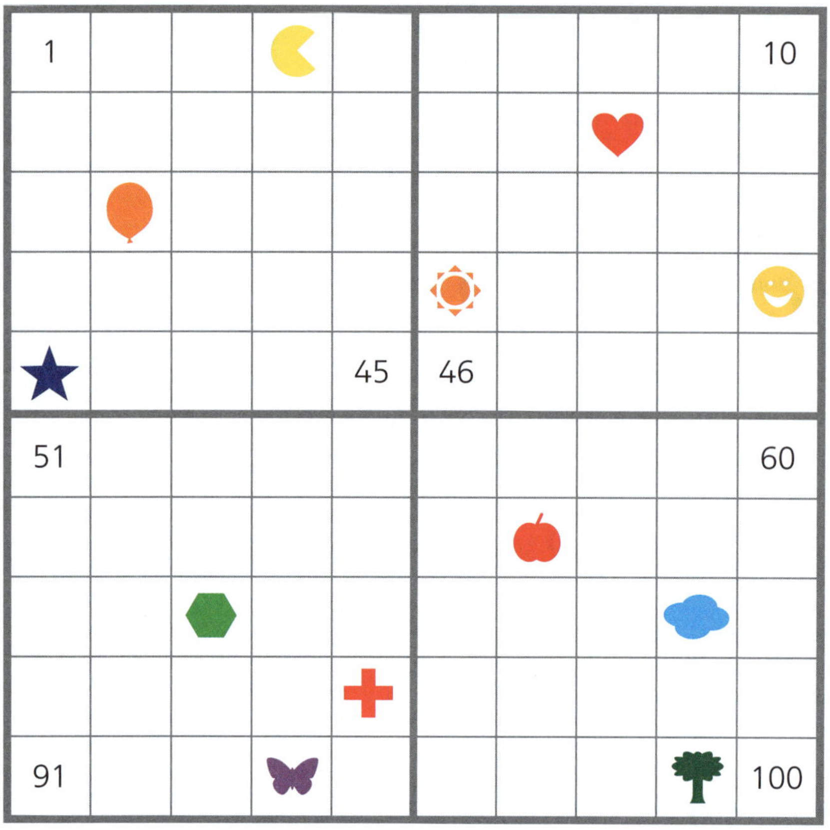

2 Trage ein.

a)
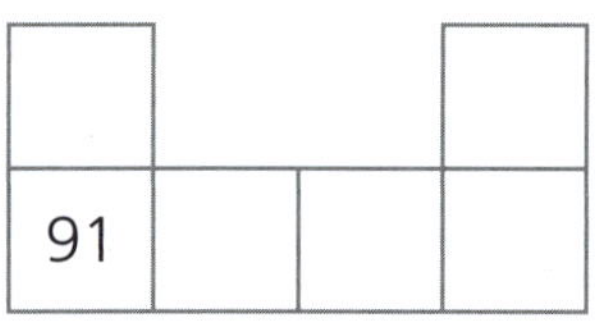

b)
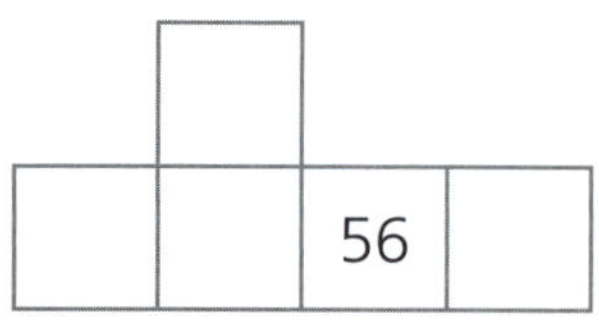

c)
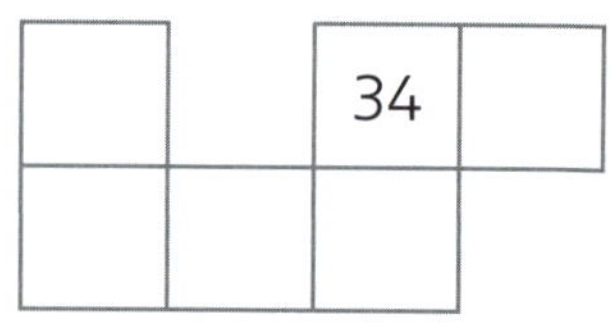

d)
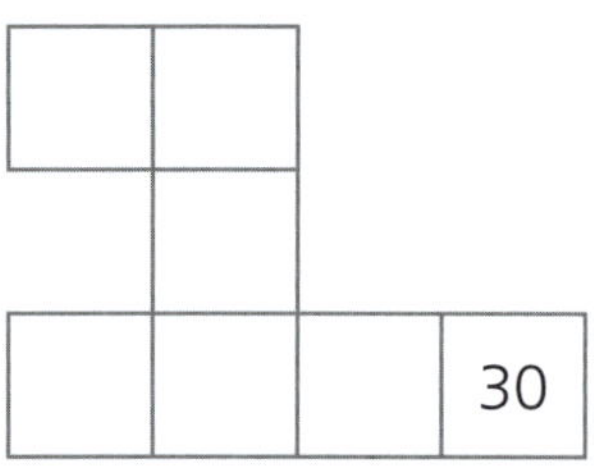

e)
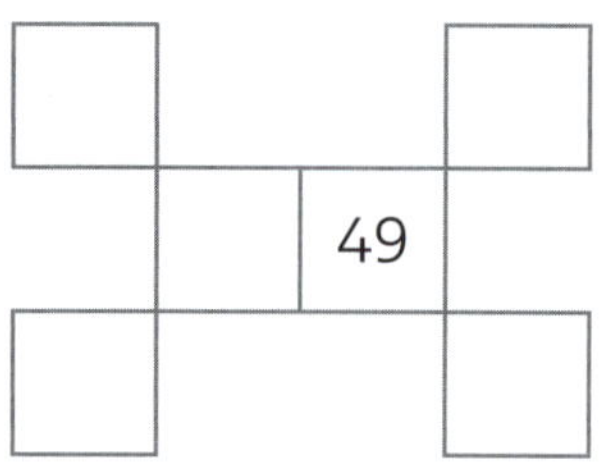

f)
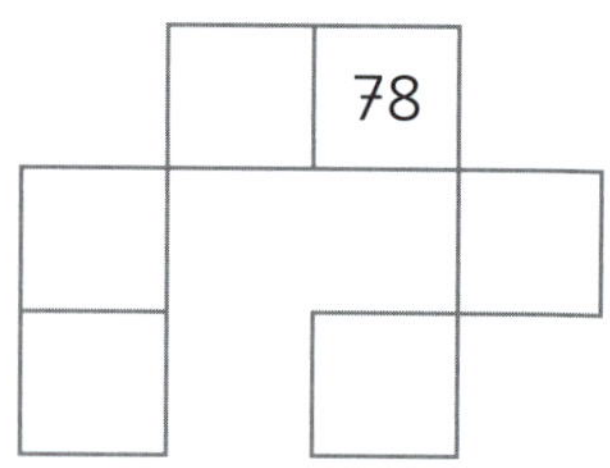

3 Wo kommst du an?

a) Startzahl: 43 → → →

b) Startzahl: 92 ↑ ↑ ↑ ↑ ↑

c) Startzahl: 29 ↓ ↓ ↓ ↓

d) Startzahl: 80 ← ← ← ←

e) Startzahl: 37 ↓ ↓ ↓ ←

f) Startzahl: 71 → → ↑ ↑

Diese Aufgaben waren für mich 

1 Schreibe und rechne die kleine Aufgabe zuerst.

a) 43 + 5 = ___
___ + ___ = ___

b) 76 − 2 = ___
___ − ___ = ___

c) 21 + 3 = ___
___ + ___ = ___

d) 58 − 6 = ___
___ − ___ = ___

e) 69 − 8 = ___
___ − ___ = ___

f) 32 + 7 = ___
___ + ___ = ___

2 Rechne.

a) 91 + 8 − 6 + 4 = ___
37 − 5 + 3 − 2 = ___

b) 48 − 4 − 1 + 6 = ___
22 + 1 − 2 + 7 = ___

3 Rechne.

a) 60 − 30 = ___
6Z − 3Z = ___

b) 30 + 20 = ___
___ + ___ = ___

c) 80 − 10 = ___
___ − ___ = ___

d) 40 + 50 = ___
___ + ___ = ___

e) 90 − 60 = ___
___ − ___ = ___

f) 20 + 60 = ___
___ + ___ = ___

4 Rechne.

a) 80 + 20 − 50 + 40 = ___
100 − 30 + 10 − 60 = ___

b) 90 − 70 + 20 + 10 = ___
20 + 40 − 50 + 30 = ___

5 Rechne.

a)

+	30			20
	50			40
10		60	90	

b)

−		2		0
	72	77		
37			33	37

Diese Aufgaben waren für mich

1 Wie viel Euro und Cent sind es? Trage ein.

a) 

b) 

c) 

d) 

2 Wie viel Euro und Cent sind es? Trage ein.

a) 

b) 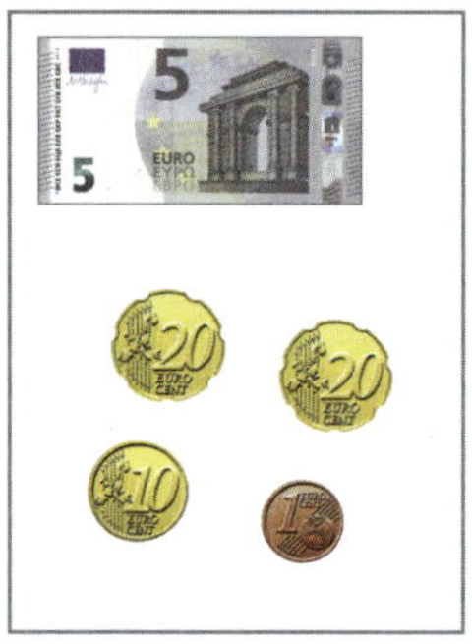

c) 

d) 

3 Schreibe mit möglichst wenigen Scheinen und Münzen.

a) 31 ct = ______________________ b) 64 ct = ______________________

c) 77 € = ______________________ d) 98 € = ______________________

4 Immer 2 €. Schreibe auf drei verschiedene Arten.

2 € = *10 ct +* ______________________

2 € = ______________________

2 € = ______________________

5 Wie viel Euro und Cent sind es? Tausche 100 ct gegen 1 €.

a) 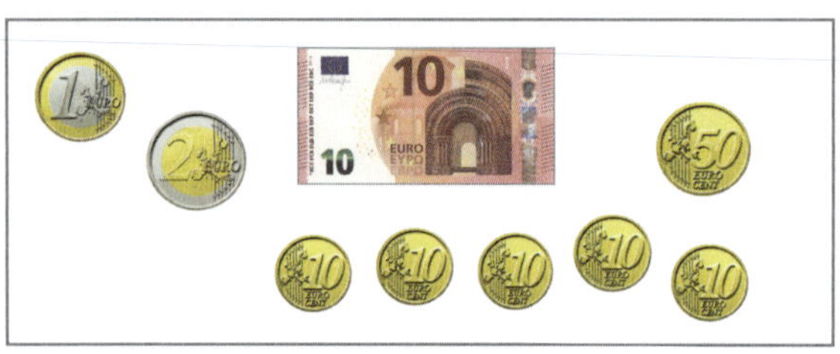

b) 

Diese Aufgaben waren für mich ☺ 😐 ☹

1 Rechne und setze ein: >, < oder =

a) 74 + 2 ○ 76
40 − 10 ○ 50

b) 68 − 5 ○ 62
35 ○ 31 + 7

c) 80 ○ 30 + 60
57 − 3 ○ 51

2 Rechne und setze ein: >, < oder =

a) 55 − 1 ○ 58 − 4
84 + 5 ○ 82 + 7

b) 10 + 30 ○ 100 − 70
26 − 3 ○ 21 + 4

3 Finde passende Zahlen.

a) 40 + ☐ < 90
72 + 3 > ☐

b) 95 − 2 = ☐
48 − ☐ < 42

c) 60 > ☐ + 10
51 < 53 − ☐

4 Finde passende Zahlen.

a) ☐ − 2 < 69 − 4
31 + 7 > ☐ + 5

b) 40 + ☐ = 100 − 60
78 − 1 < 70 + ☐

5 Verbinde die richtige Ungleichung mit den richtigen Lösungen.

a) 20 > 29 − ■
b) 31 + ■ < 37
c) 84 − ■ > 83
d) ■ + 60 < 70
e) 92 + ■ < 99

Lösungen: 0

Lösungen: 0, 1, 2, 3, 4, 5

Lösungen: 0, 1, 2, 3, 4, 5, 6

Lösungen: 0, 1, 2, 3, 4, 5, 6, 7, 8

Lösungen: 0, 1, 2, 3, 4, 5, 6, 7, 8, 9

Diese Aufgaben waren für mich ☺ 😐 ☹

1 Schreibe die Monatsnamen und die Anzahl der Tage.

5. Monat	8. Monat	11. Monat
Mai	______	______
31 Tage	______	______

2. Monat	3. Monat	7. Monat
______	______	______
______	______	______

2 Welcher Wochentag war gestern? Welcher Tag ist morgen? Trage ein.

gestern	heute	morgen
	Sonntag	
	Mittwoch	
	Dienstag	

3 Schreibe in Tagen.

a) 1 Woche: ______ Tage

b) 1 Woche 4 Tage: ______ Tage

c) 3 Wochen: ______ Tage

d) 3 Wochen 5 Tage: ______ Tage

4 Schreibe das Datum auf zwei verschiedene Arten.

a) 28. März 2029: ______

b) 02.10.29: ______

c) 15. Mai 2029: ______

d) 30.04.29: ______

5 Vervollständige die Sätze.

a) Heute ist Samstag, der 20.10.29.

b) Gestern war ______

c) Morgen ist ______

d) Vorgestern war ______

e) In einer Woche ist ______

Diese Aufgaben waren für mich

1 Zeichne und rechne.

a) 29 + 10 =

b) 33 + 30 =

c) 29 + 40 =

2 Zeichne und rechne.

a) 33 – 30 =

b) 46 – 30 =

c) 62 – 50 =

d) 77 – 20 =

3 Rechne.

a)

32	+	10	=	
32	+	20	=	
32	+		=	
	+		=	
	+		=	

b)

10	+	26	=	
20	+	26	=	
30	+		=	
	+		=	
	+		=	

c)

74	–	70	=	
74	–	60	=	
74	–		=	
	–		=	
	–		=	

4 Rechne.

a) 21 + 20 =
19 + 30 =
28 + 20 =

b) 68 – 60 =
47 – 30 =
34 – 10 =

c) 19 + 80 =
40 – 30 =
62 + 20 =

Diese Aufgaben waren für mich ☺ 😐 ☹

1 Male und rechne.

a)

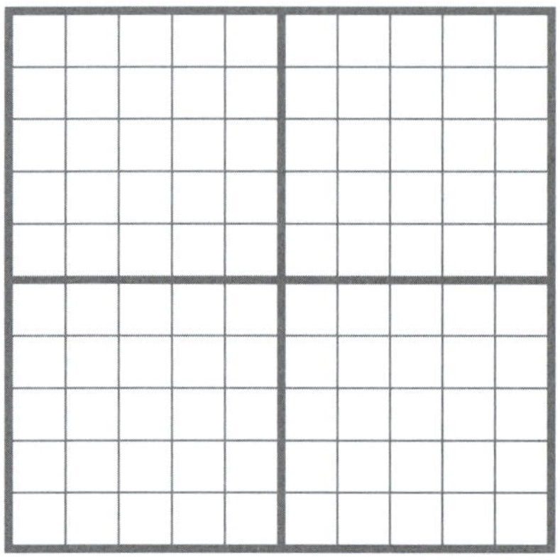

53 + 8 = ___

___ + ___ + ___ = ___

b)

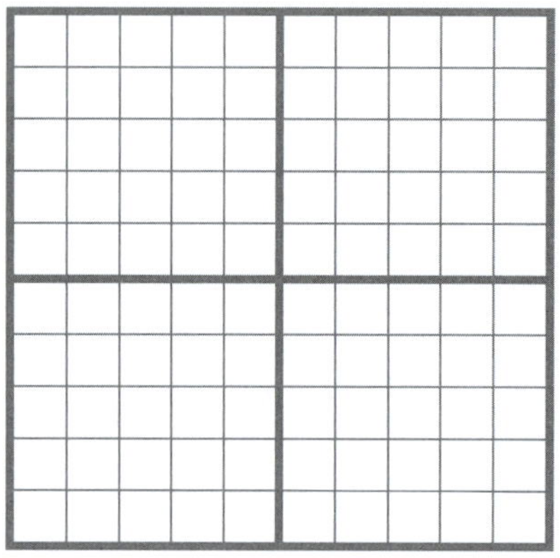

67 + 9 = ___

___ + ___ + ___ = ___

c)

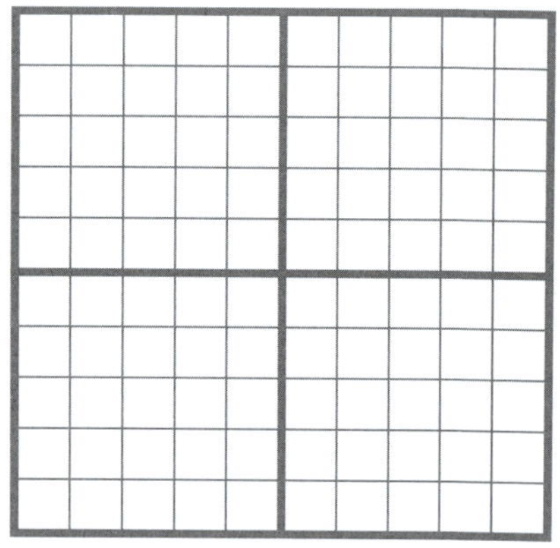

34 – 8 = ___

___ – ___ – ___ = ___

2 Zeichne und rechne.

a)

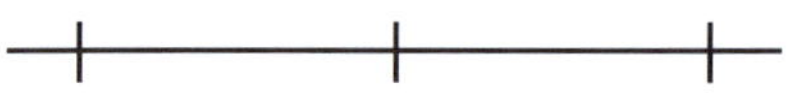

86 + 5 = ___

___ + ___ + ___ = ___

b)

48 + 3 = ___

___ + ___ + ___ = ___

c)

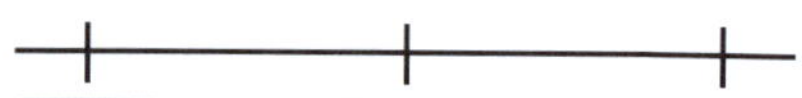

52 – 9 = ___

___ – ___ – ___ = ___

3 Rechne.

a) 27 + 5 = ___
63 + 8 = ___
46 + 5 = ___

b) 28 + 4 = ___
9 + 17 = ___
6 + 35 = ___

c) 21 – 4 = ___
43 – 8 = ___
55 – 7 = ___

d) 35 – 7 = ___
67 – 8 = ___
45 + 6 = ___

4 Rechne.

a)

+	7		9
56		66	
24			

b)

–	5	7	
45			39
73			

Diese Aufgaben waren für mich ☺ 😐 ☹

1 Trage ein und rechne.

a)
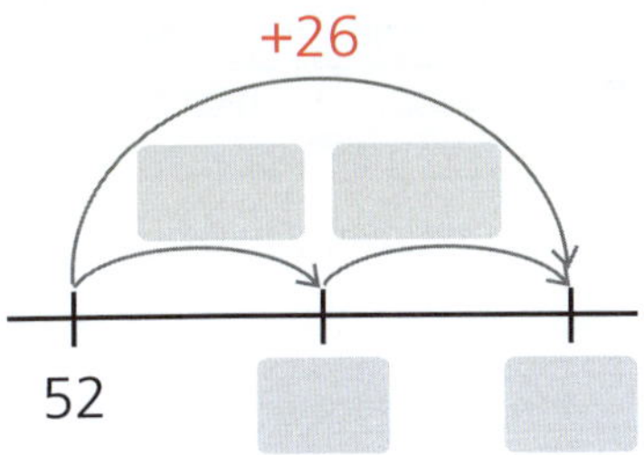

b)
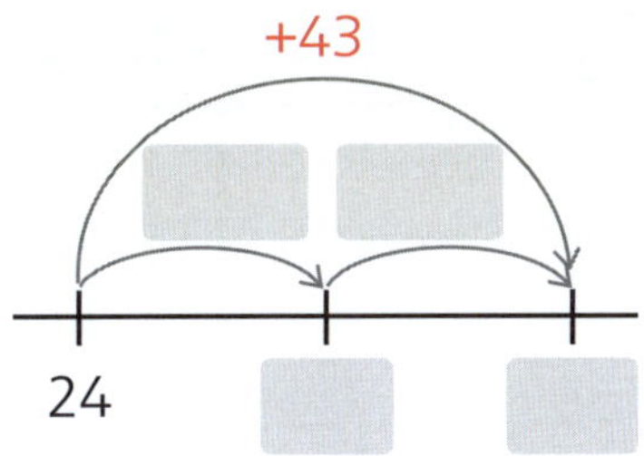

c)
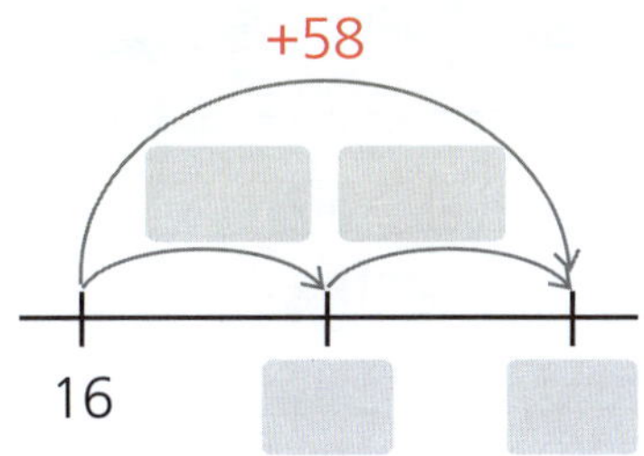

2 Rechne.

a) 7 8 + 2 1 =

b) 2 5 + 4 3 =

c) 6 3 + 3 2 =

d) 4 6 + 1 7 =

e) 2 9 + 4 2 =

f) 1 8 + 5 4 =

3 Trage ein und rechne.

a)
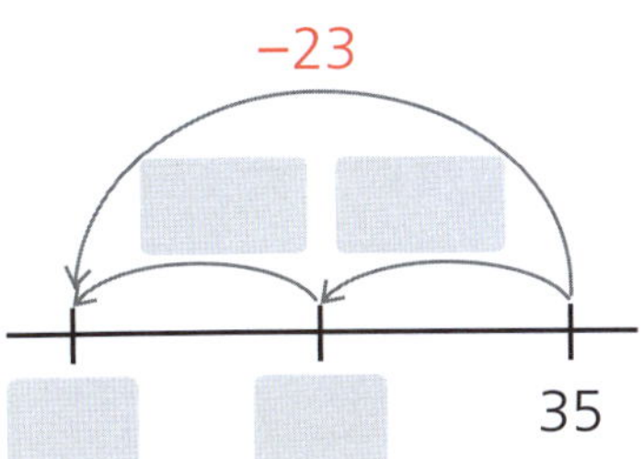

b)
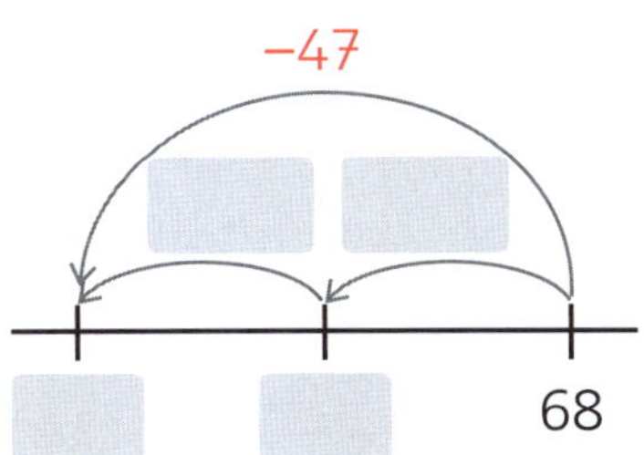

c)
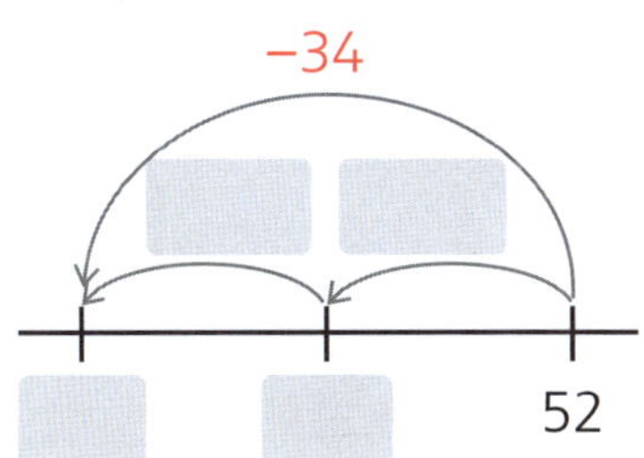

4 Rechne.

a) 3 6 − 2 3 =

b) 5 9 − 4 5 =

c) 7 4 − 5 1 =

d) 6 6 − 2 7 =

e) 8 1 − 1 6 =

f) 5 2 − 4 8 =

Diese Aufgaben waren für mich ☺ 😐 ☹

1 Kreuze an.

a)

- Es ist sicher, einen roten Steckwürfel zu ziehen.
- Es ist möglich, einen roten Steckwürfel zu ziehen.
- Es ist unmöglich, einen roten Steckwürfel zu ziehen.

b)

- Es ist sicher, einen blauen Steckwürfel zu ziehen.
- Es ist möglich, einen blauen Steckwürfel zu ziehen.
- Es ist unmöglich, einen blauen Steckwürfel zu ziehen.

c)

- Es ist sicher, einen gelben Steckwürfel zu ziehen.
- Es ist möglich, einen gelben Steckwürfel zu ziehen.
- Es ist unmöglich, einen gelben Steckwürfel zu ziehen.

d)

- Es ist sicher, einen roten Steckwürfel zu ziehen.
- Es ist möglich, einen roten Steckwürfel zu ziehen.
- Es ist unmöglich, einen roten Steckwürfel zu ziehen.

2 Male 3 Steckwürfel in das Glas, sodass die Aussage passt.

a) Es ist sicher, einen roten Steckwürfel zu ziehen.

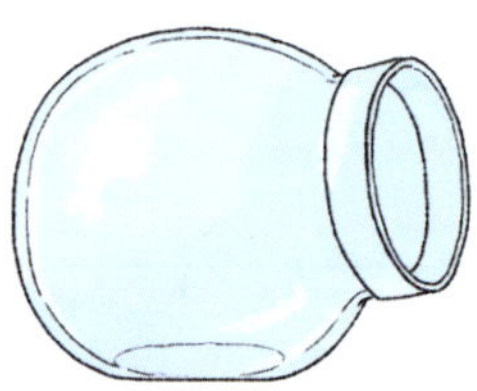

b) Es ist möglich, einen roten Steckwürfel zu ziehen.

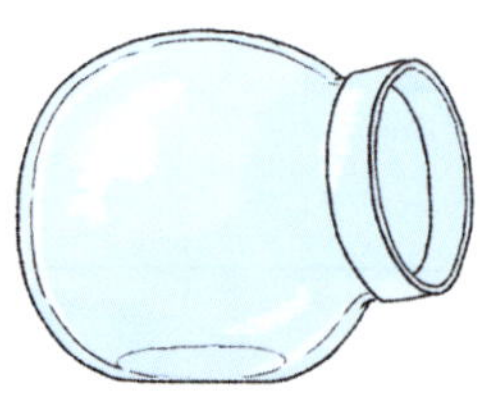

c) Es ist unmöglich, einen roten Steckwürfel zu ziehen.

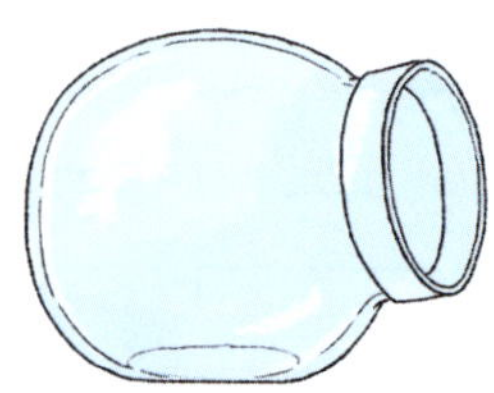

3 Aus welchem Glas wurde wahrscheinlich gezogen? Verbinde.

a)

b)

c)

d)

e)

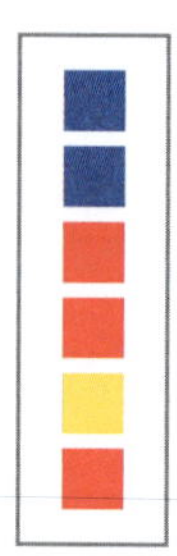

f)

Diese Aufgaben waren für mich ☺ 😐 ☹

...u Schülerbuchseiten 6–13

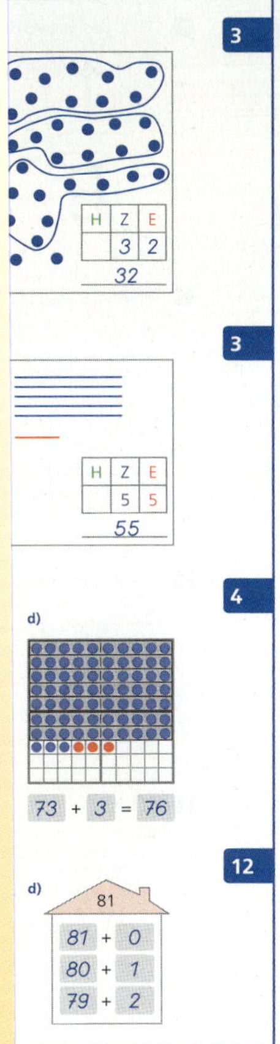

... 22 Punkten erreicht.

Zahlenstrahl | Nachbarzahlen

zu Schülerbuchseiten 14–15

1 Trage ein. (6)

a) 1, 8, 14, 17, 24, 25, 39, 44

b) 8, 10, 20, 40, 52, 53, 71, 76

2 Verbinde. (3)

8, 14, 29, 31, 36, 50

3 Trage ein. (6)

a)

Vorgänger	Zahl	Nachfolger
41	42	43
50	51	52
65	66	67

b)

Vorgänger	Zahl	Nachfolger
16	17	18
79	80	81
94	95	96

4 Trage ein. (6)

a)

Nachbarzehner	Zahl	Nachbarzehner
20	27	30
60	68	70
10	16	20

b)

Nachbarzehner	Zahl	Nachbarzehner
30	34	40
80	81	90
90	99	100

Du hast ___ von 21 Punkten erreicht.

3

...chülerbuchseiten 18–22

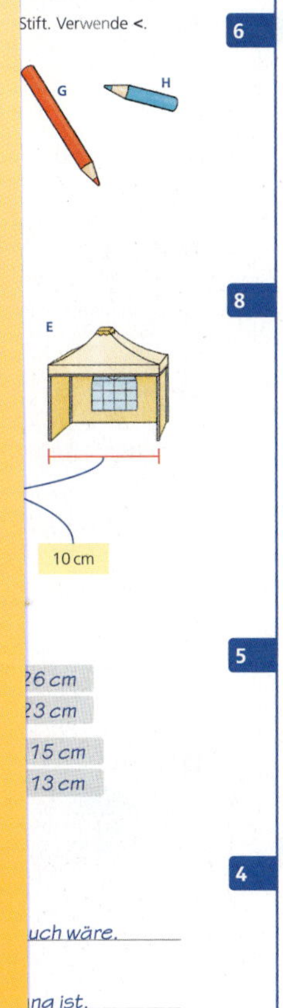

... 23 Punkten erreicht.

Strecken messen und zeichnen, cm, m

zu Schülerbuchseiten 23–24

1 Miss die Strecken mit Lineal. Schreibe auf. (10)

AB = 7 cm CD = 5 cm EF = 13 cm
GH = 11 cm KL = 3 cm OP = 12 cm

2 Zeichne die folgenden Strecken mit Lineal auf ein weißes Blatt. (6)

a) AB = 2 cm b) CD = 10 cm c) EF = 7 cm
d) GH = 12 cm e) KL = 3 cm f) MN = 5 cm

3 Zeichne die zusammengesetzten Strecken mit Lineal auf ein weißes Blatt. (6)

a) 1 cm + 2 cm + 3 cm b) 2 cm + 5 cm c) 3 cm + 10 cm + 2 cm
d) 6 cm + 7 cm + 1 cm e) 8 cm + 2 cm f) 7 cm + 7 cm + 7 cm

4 Rechne. (9)

a) 1 m + 20 cm = 1 m 20 cm
2 m + 10 cm = 210 cm

b) 4 m + 20 cm = 4 m 20 cm
10 m + 50 cm = 10 m 50 cm

c) 20 cm + 2 m = 2 m 20 cm
80 cm + 3 m = 3 m 80 cm

d) 100 cm + 50 cm = 150 cm
100 cm + 20 cm = 120 cm

Du hast ___ von 31 Punkten erreicht.

5

Geometrische Formen
zu Schülerbuchseiten 25–27

1 Markiere die Ecken rot. 6

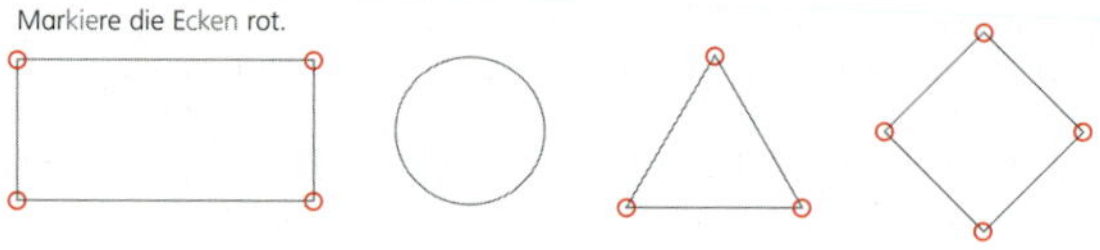

2 Markiere die Seiten blau. 6

3 Zeichne die Figur genau ab. 6

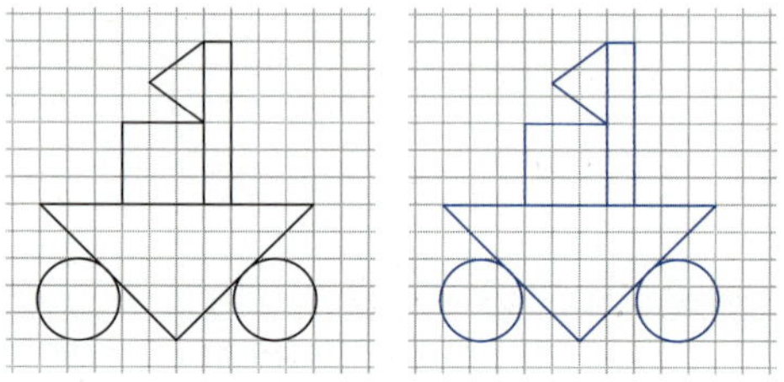

4 Wie viele Quadrate und Rechtecke findest du? Trage ein. 7

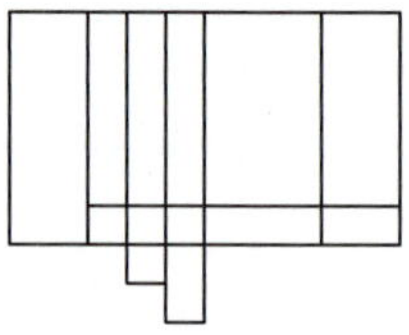

Quadrate: 4
Rechtecke: 9

Du hast ___ von 25 Punkten erreicht.

Symmetrie
zu Schülerbuchseiten 28–29

1 Finde das Spiegelbild. Kreuze an. 2

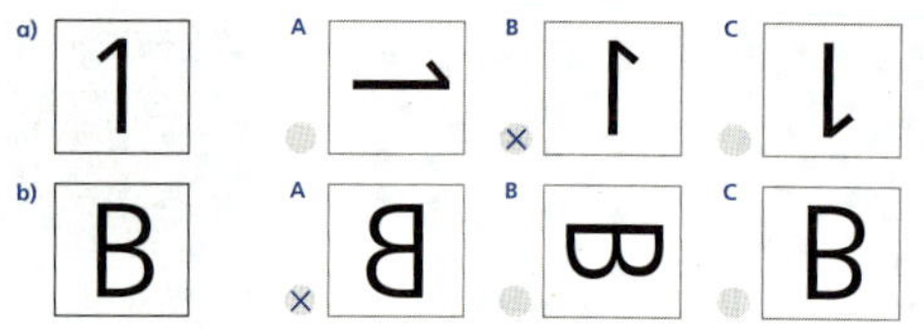

2 Finde alle Spiegelachsen. Zeichne sie rot ein. 7

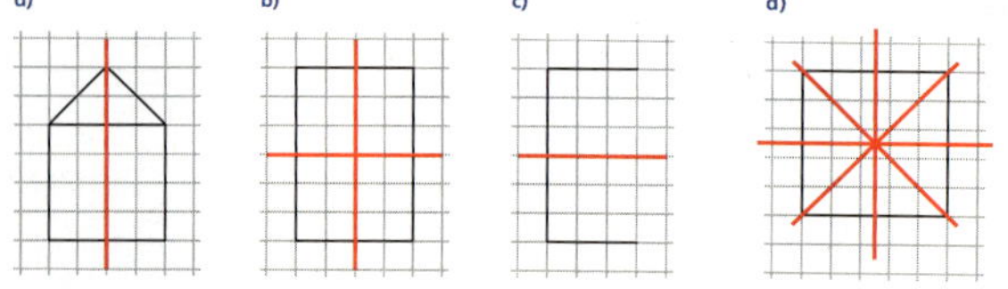

* **3** Zeichne symmetrische Figuren auf das Geobrett. Zeichne die Spiegelachse ein. 10

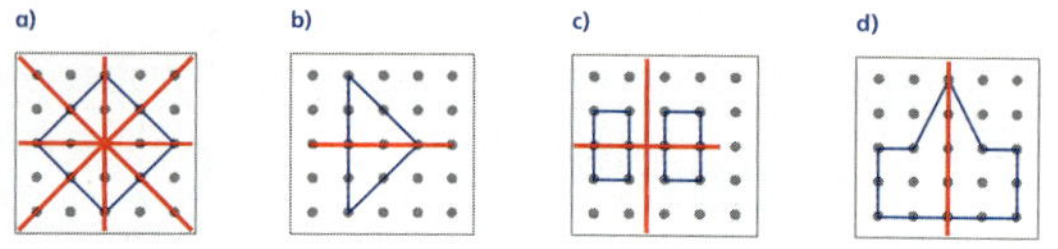

* **4** Verwandle in eine symmetrische Figur. Zeichne. 7

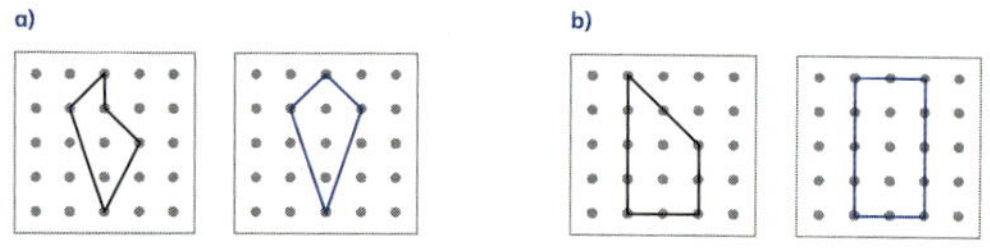

Du hast ___ von 26 Punkten erreicht.

* Beispiellösung

Hundertertafel
zu Schülerbuchseiten 30–31

1 Welche Zahlen verstecken sich unter den Bildern? 6

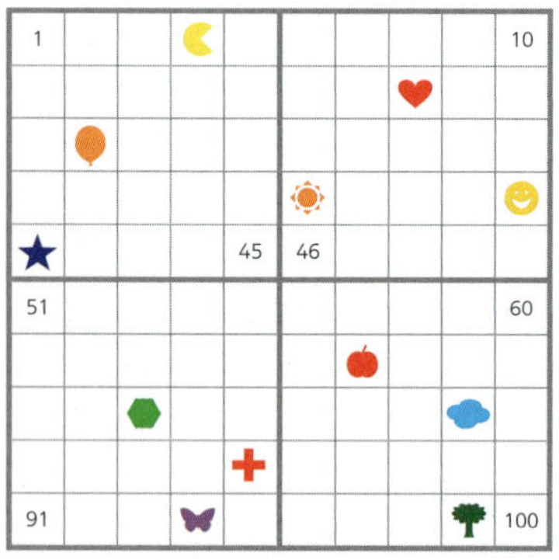

2 Trage ein. 6

a) 81, 84 / 91, 92, 93, 94
b) 45 / 54, 55, 56, 57
c) 32, 34, 35 / 42, 43, 44
d) 7, 8 / 18 / 27, 28, 29, 30
e) 37, 40 / 48, 49 / 57, 60
f) 77, 78 / 86, 89 / 96, 98

3 Wo kommst du an? 6

a) Startzahl: 43 →→→ 46
b) Startzahl: 92 ↑↑↑↑↑ 42
c) Startzahl: 29 ↓↓↓↓ 69
d) Startzahl: 80 ←←←← 76
e) Startzahl: 37 ↓↓↓← 66
f) Startzahl: 71 →→↑↑ 53

Du hast ___ von 18 Punkten erreicht.

Analogieaufgaben
zu Schülerbuchseiten 32–34

1 Schreibe und rechne die kleine Aufgabe zuerst. 6

a) 43 + 5 = 48; 3 + 5 = 8
b) 76 − 2 = 74; 6 − 2 = 4
c) 21 + 3 = 24; 1 + 3 = 4
d) 58 − 6 = 52; 8 − 6 = 2
e) 69 − 8 = 61; 9 − 8 = 1
f) 32 + 7 = 39; 2 + 7 = 9

2 Rechne. 8

a) 91 + 8 − 6 + 4 = 97
37 − 5 + 3 − 2 = 33
b) 48 − 4 − 1 + 6 = 49
22 + 1 − 2 + 7 = 28

3 Rechne. 6

a) 60 − 30 = 30; 6Z − 3Z = 3Z
b) 30 + 20 = 50; 3Z + 3Z = 5Z
c) 80 − 10 = 70; 8Z − 1Z = 7Z
d) 40 + 50 = 90; 4Z + 5Z = 9Z
e) 90 − 60 = 30; 9Z − 6Z = 3Z
f) 20 + 60 = 80; 2Z + 6Z = 8Z

4 Rechne. 8

a) 80 + 20 − 50 + 40 = 90
100 − 30 + 10 − 60 = 20
b) 90 − 70 + 20 + 10 = 50
20 + 40 − 50 + 30 = 40

5 Rechne. 7 7

a)

+	30	50	80	20
20	50	70	100	40
10	40	60	90	30

b)

−	7	2	4	0
79	72	77	75	79
37	30	35	33	37

Du hast ___ von 42 Punkten erreicht.

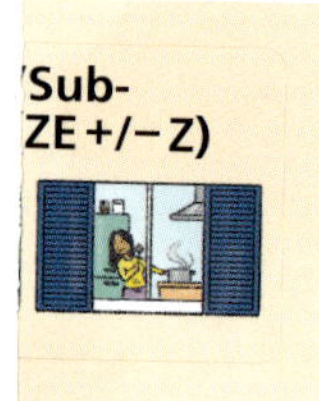

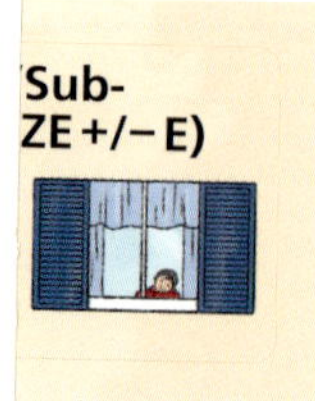

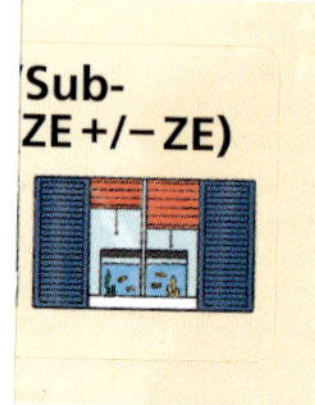

Euro und Cent

zu Schülerbuchseiten 35–36

1 Wie viel Euro und Cent sind es? Trage ein. 4

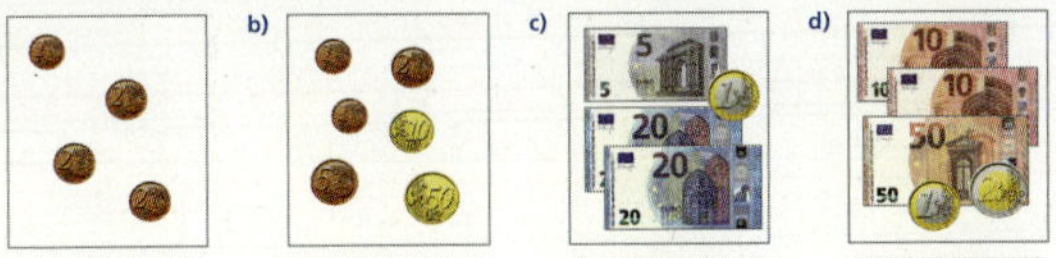

a) 7 ct b) 69 ct c) 46 € d) 73 €

2 Wie viel Euro und Cent sind es? Trage ein. 4

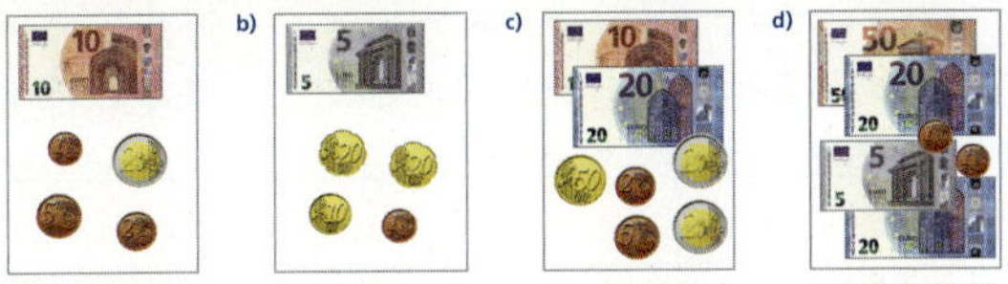

a) 12 € 8 ct b) 5 € 51 ct c) 34 € 57 ct d) 95 € 2 ct

3 Schreibe mit möglichst wenigen Scheinen und Münzen. 4

a) 31 ct = 30 ct + 1 ct
b) 64 ct = 50 ct + 10 ct + 2 ct + 2 ct
c) 77 € = 50 € + 20 € + 5 € + 2 €
d) 98 € = 50 € + 20 € + 20 € + 5 € + 2 € + 1 €

***4** Immer 2 €. Schreibe auf drei verschiedene Arten. 3

2 € = 10 ct + 20 ct + 20 ct + 50 ct + 1 €
2 € = 50 ct + 50 ct + 50 ct + 50 ct
2 € = 50 ct + 50 ct + 50 ct + 20 ct + 20 ct + 5 ct + 5 ct

5 Wie viel Euro und Cent sind es? Tausche 100 ct gegen 1 €. 4

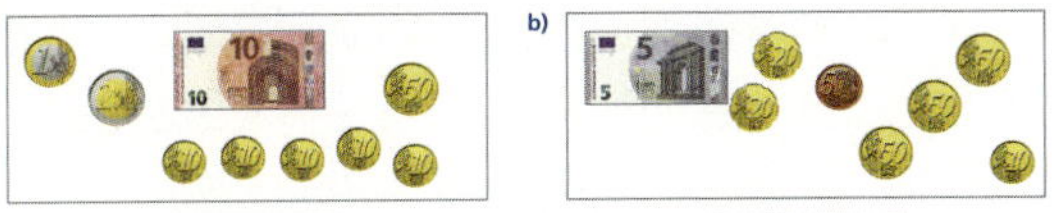

a) 14 € b) 7 € 5 ct

* Beispiellösung

Du hast ___ von 19 Punkten erreicht.

Gleichungen und Ungleichungen

zu Schülerbuchseite 40

1 Rechne und setze ein: >, < oder = 6

a) 74 + 2 = 76; 40 − 10 < 50
b) 68 − 5 > 62; 35 < 31 + 7
c) 80 < 30 + 60; 57 − 3 > 51

2 Rechne und setze ein: >, < oder = 8

a) 55 − 1 = 58 − 4; 84 + 5 = 82 + 7
b) 10 + 30 > 100 − 70; 26 − 3 < 21 + 4

***3** Finde passende Zahlen. 6

a) 40 + 30 < 90; 72 + 3 > 70
b) 95 − 2 = 93; 48 − 8 < 42
c) 60 > 10 + 10; 51 < 53 − 1

***4** Finde passende Zahlen. 8

a) 42 − 2 < 69 − 4; 31 + 7 > 21 + 5
b) 40 + 0 = 100 − 60; 78 − 1 < 70 + 9

5 Verbinde die richtige Ungleichung mit den richtigen Lösungen. 10

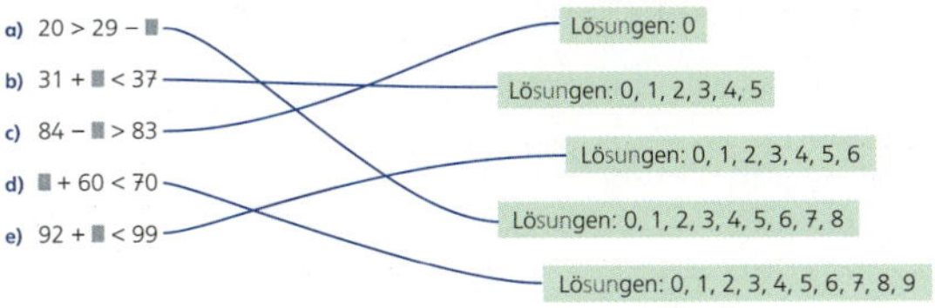

Du hast ___ von 38 Punkten erreicht.

* Beispiellösung

Kalender – Wochentage, Monate, Datum

zu Schülerbuchseiten 42–43

1 Schreibe die Monatsnamen und die Anzahl der Tage. 5

5. Monat	8. Monat	11. Monat
Mai	August	November
31 Tage	31 Tage	30 Tage
2. Monat	**3. Monat**	**7. Monat**
Februar	März	Juli
28/29 Tage	31 Tage	31 Tage

2 Welcher Wochentag war gestern? Welcher Tag ist morgen? Trage ein. 3

gestern	heute	morgen
Samstag	Sonntag	Montag
Dienstag	Mittwoch	Donnerstag
Montag	Dienstag	Mittwoch

3 Schreibe in Tagen. 2

a) 1 Woche: 7 Tage
b) 1 Woche 4 Tage: 11 Tage
c) 3 Wochen: 21 Tage
d) 3 Wochen 5 Tage: 26 Tage

4 Schreibe das Datum auf zwei verschiedene Arten. 2

a) 28. März 2029: 28.03.29
b) 02.10.29: 2. Oktober 2029
c) 15. Mai 2029: 15.05.29
d) 30.04.29: 30. April 2029

5 Vervollständige die Sätze. 2

a) Heute ist Samstag, der 20.10.29.
b) Gestern war Freitag, der 19.10.29.
c) Morgen ist Sonntag, der 21.10.29.
d) Vorgestern war Donnerstag, der 18.10.29.
e) In einer Woche ist Samstag, der 27.10.29.

Du hast ___ von 14 Punkten erreicht.

Addition/Subtraktion (ZE + Z/ZE − Z)

zu Schülerbuchseiten 45–46

1 Zeichne und rechne. 3

a) 29 + 10 = 39 b) 33 + 30 = 63 c) 29 + 40 = 69

2 Zeichne und rechne. 4

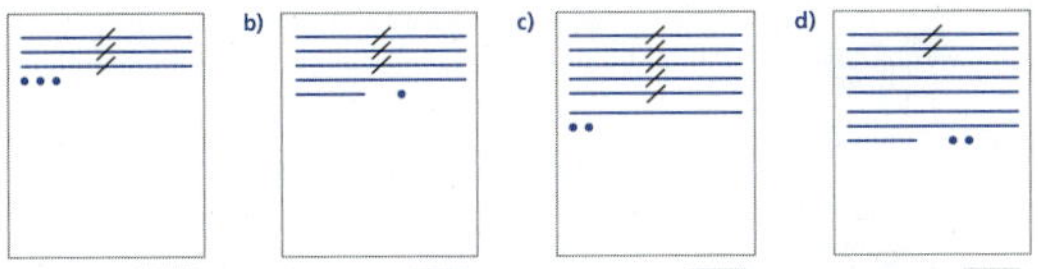

a) 33 − 30 = 3 b) 46 − 30 = 16 c) 62 − 50 = 12 d) 77 − 20 = 57

3 Rechne. 15

a)
32 + 10 = 42
32 + 20 = 52
32 + 30 = 62
32 + 40 = 72
32 + 50 = 82

b)
10 + 26 = 36
20 + 26 = 46
30 + 26 = 56
40 + 26 = 66
50 + 26 = 76

c)
74 − 70 = 4
74 − 60 = 14
74 − 50 = 24
74 − 40 = 34
74 − 30 = 44

4 Rechne. 9

a) 21 + 20 = 41; 19 + 30 = 49; 28 + 20 = 48
b) 68 − 60 = 8; 47 − 30 = 17; 34 − 10 = 24
c) 19 + 80 = 99; 40 − 30 = 10; 62 + 20 = 82

Du hast ___ von 31 Punkten erreicht.

Addition/Subtraktion (ZE + E/ZE – E)

zu Schülerbuchseiten 48–51

1 Male und rechne. (3)

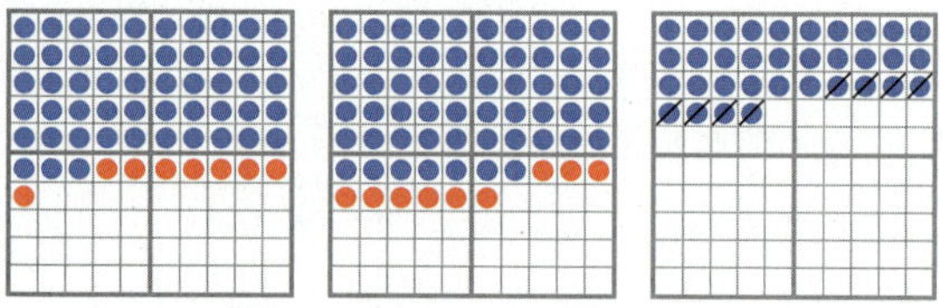

a) 53 + 8 = 61; 53 + 7 + 1 = 61
b) 67 + 9 = 76; 67 + 3 + 6 = 76
c) 34 – 8 = 26; 34 – 4 – 4 = 26

2 Zeichne und rechne. (3)

a) +5 (+4, +1): 86, 90, 91 — 86 + 5 = 91; 86 + 4 + 1 = 91
b) +3 (+2, +1): 48, 50, 51 — 48 + 3 = 51; 48 + 2 + 1 = 51
c) –9 (–7, –2): 43, 50, 52 — 52 – 9 = 43; 52 – 2 – 7 = 43

3 Rechne. (12)

a) 27 + 5 = 32; 63 + 8 = 71; 46 + 5 = 51
b) 28 + 4 = 32; 9 + 17 = 26; 6 + 35 = 41
c) 21 – 4 = 17; 43 – 8 = 35; 55 – 7 = 48
d) 35 – 7 = 28; 67 – 8 = 59; 45 + 6 = 51

4 Rechne. (12)

a)

+	7	10	9
56	63	66	65
24	31	44	33

b)

–	5	7	6
45	40	38	39
73	68	66	67

Du hast ___ von 30 Punkten erreicht.

Addition/Subtraktion (ZE + ZE/ZE – ZE)

zu Schülerbuchseiten 54–59

1 Trage ein und rechne. (6)

a) +26 (+20, +6): 52, 72, 78
b) +43 (+40, +3): 24, 64, 67
c) +58 (+50, +8): 16, 66, 74

2 Rechne. (6)

a) 78 + 21 = 99; 78 + 20 = 98; 98 + 1 = 99
b) 25 + 43 = 68; 25 + 40 = 65; 65 + 3 = 68
c) 63 + 32 = 95; 63 + 30 = 93; 93 + 2 = 95
d) 46 + 17 = 63; 46 + 10 = 56; 56 + 7 = 63
e) 29 + 42 = 71; 29 + 40 = 69; 69 + 2 = 71
f) 18 + 54 = 72; 18 + 50 = 68; 68 + 4 = 72

3 Trage ein und rechne. (6)

a) –23 (–3, –20): 12, 15, 35
b) –47 (–7, –40): 21, 28, 68
c) –34 (–4, –30): 18, 22, 52

4 Rechne. (6)

a) 36 – 23 = 13; 36 – 20 = 16; 16 – 3 = 13
b) 59 – 45 = 14; 59 – 40 = 19; 19 – 5 = 14
c) 74 – 51 = 23; 74 – 50 = 24; 24 – 1 = 23
d) 66 – 27 = 39; 66 – 20 = 46; 46 – 7 = 39
e) 81 – 16 = 65; 81 – 10 = 71; 71 – 6 = 65
f) 52 – 48 = 4; 52 – 40 = 12; 12 – 8 = 4

Du hast ___ von 24 Punkten erreicht.

Wahrscheinlichkeit

zu Schülerbuchseiten 64–65

1 Kreuze an. (4)

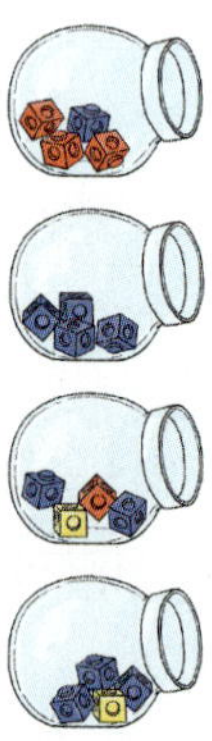

a)
- ◯ Es ist sicher, einen roten Steckwürfel zu ziehen.
- ✕ Es ist möglich, einen roten Steckwürfel zu ziehen.
- ◯ Es ist unmöglich, einen roten Steckwürfel zu ziehen.

b)
- ✕ Es ist sicher, einen blauen Steckwürfel zu ziehen.
- ◯ Es ist möglich, einen blauen Steckwürfel zu ziehen.
- ◯ Es ist unmöglich, einen blauen Steckwürfel zu ziehen.

c)
- ◯ Es ist sicher, einen gelben Steckwürfel zu ziehen.
- ✕ Es ist möglich, einen gelben Steckwürfel zu ziehen.
- ◯ Es ist unmöglich, einen gelben Steckwürfel zu ziehen.

d)
- ◯ Es ist sicher, einen roten Steckwürfel zu ziehen.
- ◯ Es ist möglich, einen roten Steckwürfel zu ziehen.
- ✕ Es ist unmöglich, einen roten Steckwürfel zu ziehen.

****2** Male 3 Steckwürfel in das Glas, sodass die Aussage passt. (6)

a) Es ist sicher, einen roten Steckwürfel zu ziehen.
b) Es ist möglich, einen roten Steckwürfel zu ziehen.
c) Es ist unmöglich, einen roten Steckwürfel zu ziehen.

3 Aus welchem Glas wurde wahrscheinlich gezogen? Verbinde. (6)

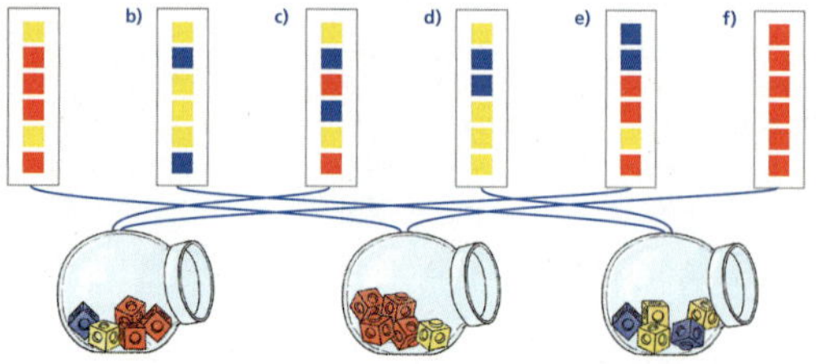

* Beispiellösung

Du hast ___ von 16 Punkten erreicht.

Multiplikation verstehen | Tauschaufgaben

zu Schülerbuchseiten 68–71

1 Male und rechne. (3)

10 + 10 + 10 = 30
3 · 10 = 30

2 Male und rechne. (6)

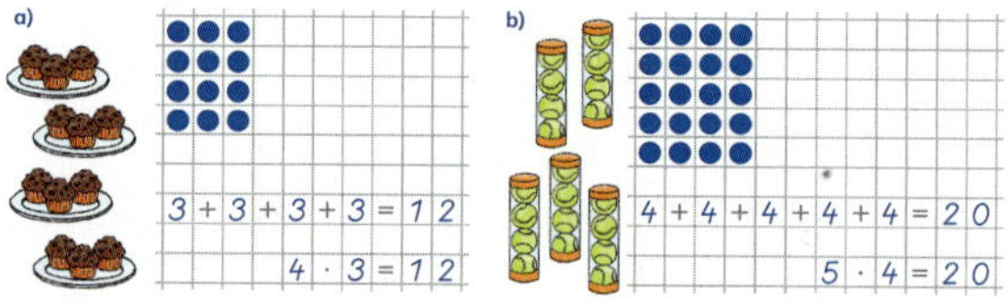

a) 3 + 3 + 3 + 3 = 12; 4 · 3 = 12
b) 4 + 4 + 4 + 4 + 4 = 20; 5 · 4 = 20

3 Schreibe die passende Malaufgabe und rechne. (12)

a) 5 + 5 + 5 = 15; 3 · 5 = 15
b) 6 + 6 + 6 = 18; 3 · 6 = 18
c) 3 + 3 + 3 + 3 = 12; 4 · 3 = 12
d) 2 + 2 + 2 + 2 + 2 = 10; 5 · 2 = 10
e) 10 + 10 = 20; 2 · 10 = 20
f) 7 + 7 + 7 = 21; 3 · 7 = 21

4 Schreibe Aufgabe und Tauschaufgabe zum Punktefeld und rechne. (8)

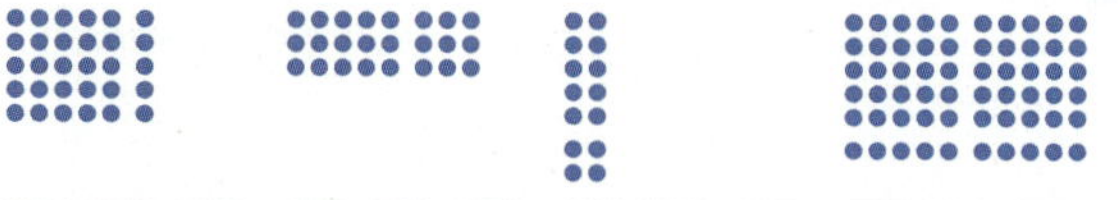

a) 6 · 5 = 30; 5 · 6 = 30
b) 8 · 3 = 24; 3 · 8 = 24
c) 2 · 7 = 14; 7 · 2 = 14
d) 10 · 6 = 60; 6 · 10 = 60

5 Rechne zuerst die leichte Aufgabe. (6)

a) 8 · 2: 2 · 8 = 16; 8 · 2 = 16
b) 3 · 7: 3 · 7 = 21; 7 · 3 = 21
c) 8 · 5: 5 · 8 = 40; 8 · 5 = 40

Du hast ___ von 35 Punkten erreicht.

Multiplikationsaufgaben mit 2, 10 und 5

zu Schülerbuchseiten 72–76

1 Schreibe die Verdopplungsaufgaben als Malaufgaben und rechne. **6**

a) 3 + 3 → 2 · 3 = 6
b) 5 + 5 → 2 · 5 = 10
c) 4 + 4 → 2 · 4 = 8
d) 6 + 6 → 2 · 6 = 12
e) 10 + 10 → 2 · 10 = 20
f) 2 + 2 → 2 · 2 = 4

2 Rechne. **3**

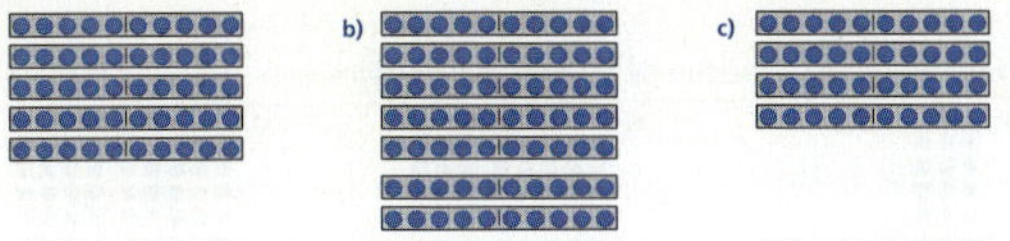

a) 5 · 10 = 50
b) 7 · 10 = 70
c) 4 · 10 = 40

3 Male das Punktefeld und rechne. **8**

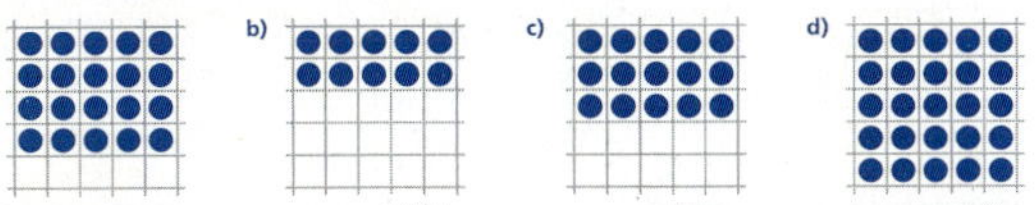

a) 4 · 5 = 20
b) 2 · 5 = 10
c) 3 · 5 = 15
d) 5 · 5 = 25

4 Rechne. **10**

a) 6 · 10 = 60; 6 · 5 = 30
b) 5 · 10 = 50; 5 · 5 = 25
c) 2 · 10 = 20; 2 · 5 = 10
d) 8 · 10 = 80; 8 · 5 = 40
e) 9 · 10 = 90; 9 · 5 = 45
f) 7 · 10 = 70; 7 · 5 = 35
g) 3 · 10 = 30; 3 · 5 = 15
h) 0 · 10 = 0; 0 · 5 = 0

5 Ergänze. **6** **10**

Zahl	8	10	0	7	4	1	5	3	2	6	9
das Zweifache	16	20	0	14	8	2	10	6	4	12	18
das Zehnfache	80	100	0	70	40	10	50	30	20	60	90
das Fünffache	40	50	0	35	20	5	25	15	10	30	45

Du hast ___ von 43 Punkten erreicht.

Multiplikation | Nachbaraufgaben

zu Schülerbuchseiten 79–85

1 Rechne die Malaufgaben mit 2 und mit 4. **6**

a) 2 · 5 = 10; 4 · 5 = 20
b) 2 · 6 = 12; 4 · 6 = 24
c) 2 · 8 = 16; 4 · 8 = 32

2 Rechne die Malaufgaben mit 4 und mit 8. **6**

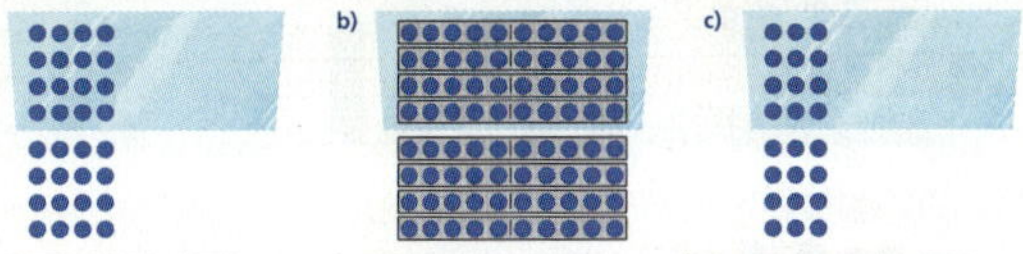

a) 4 · 4 = 16; 8 · 4 = 32
b) 4 · 10 = 40; 8 · 10 = 80
c) 4 · 3 = 12; 8 · 3 = 24

3 Ergänze. **6** **10**

Zahl	4	7	0	10	5	1	2	3	6	8	9
das Vierfache	16	28	0	40	20	4	8	12	24	32	36
das Achtfache	32	56	0	80	40	8	16	24	48	64	72

4 Rechne zuerst die Nachbaraufgabe. **16**

a) 4 · 2 = 8; 4 · 3 = 12
b) 7 · 2 = 14; 7 · 3 = 21
c) 2 · 5 = 10; 3 · 5 = 15
d) 8 · 5 = 40; 8 · 6 = 48
e) 4 · 5 = 20; 4 · 6 = 24
f) 5 · 6 = 30; 6 · 6 = 36
g) 10 · 6 = 60; 9 · 6 = 54
h) 3 · 10 = 30; 3 · 9 = 27

5 Zerlege in Kernaufgaben und rechne. **8**

a) 7 · 6 = 42; 5 · 6 = 30; 2 · 6 = 12
b) 7 · 8 = 56; 5 · 8 = 40; 2 · 8 = 16
c) 7 · 7 = 49; 5 · 7 = 35; 2 · 7 = 14
d) 7 · 9 = 63; 5 · 9 = 45; 2 · 9 = 18

Du hast ___ von 54 Punkten erreicht.

Bezüge zwischen Multiplikationsaufgaben nutzen

zu Schülerbuchseiten 89–90

1 Zerlege in Kernaufgaben und rechne. **12**

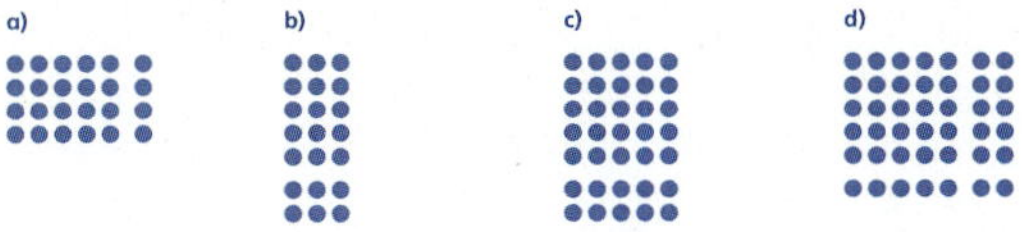

a) 4 · 6 = 24; 2 · 6 = 12; 2 · 6 = 12
b) 7 · 3 = 21; 5 · 3 = 15; 2 · 3 = 6
c) 7 · 5 = 35; 5 · 5 = 25; 2 · 5 = 10
d) 6 · 7 = 42; 5 · 7 = 35; 1 · 7 = 7

2 Zeichne ein Punktefeld. Zerlege in Kernaufgaben. Schreibe die Malaufgaben und rechne. **8**

a) 5 · 8 + 1 · 8

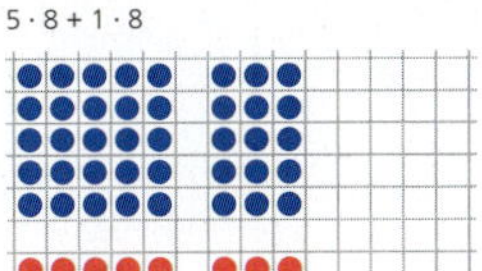

40, 8
5 · 8 + 1 · 8 = 6 · 8 = 48

b) 2 · 9 + 2 · 9

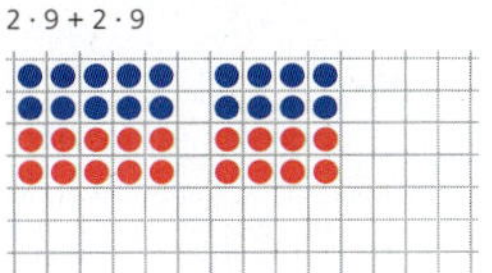

18, 18
2 · 9 + 2 · 9 = 4 · 9 = 36

3 Zerlege in Kernaufgaben und rechne. **16**

a) 4 · 8 = 32; 2 · 8 = 16; 2 · 8 = 16
b) 6 · 3 = 18; 5 · 3 = 15; 1 · 3 = 3
c) 3 · 9 = 27; 2 · 9 = 18; 1 · 9 = 9
d) 7 · 8 = 56; 5 · 8 = 40; 2 · 8 = 16
e) 6 · 6 = 36; 5 · 6 = 30; 1 · 6 = 6
f) 7 · 4 = 28; 5 · 4 = 20; 2 · 4 = 8
g) 8 · 5 = 40; 5 · 5 = 25; 2 · 5 = 10; 1 · 5 = 5
h) 8 · 8 = 64; 5 · 8 = 40; 2 · 8 = 16; 1 · 8 = 8

Du hast ___ von 36 Punkten erreicht.

Division

zu Schülerbuchseiten 94–97

1 Teile auf. Male und rechne. **8**

a) Immer 4 Kinder in einer Gruppe.

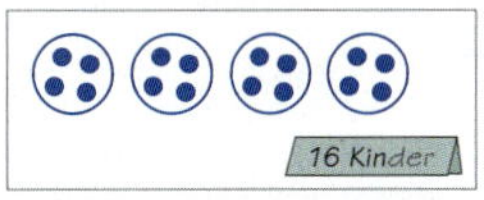

16 : 4 = 4
Es sind 4 Gruppen.

b) Immer 2 Räder an einem Roller.

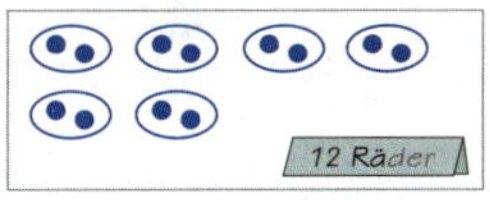

12 : 2 = 6
Es sind 6 Roller.

2 Verteile. Male und rechne. **8**

a)

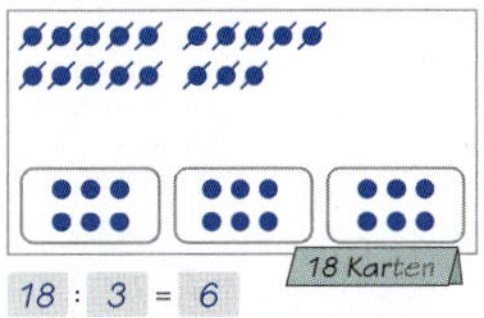

18 : 3 = 6
Jedes Kind bekommt 6 Karten.

b)

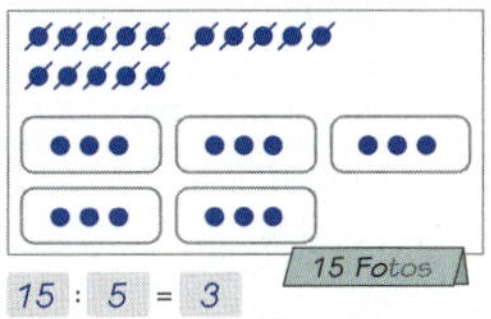

15 : 5 = 3
Auf jeder Seite sind 3 Fotos.

3 Wie heißt die passende Geteiltaufgabe? Rechne und schreibe einen Antwortsatz. **6**

a) Was ist die Hälfte von 14? 14 : 2 = 7
A: Die Hälfte von 14 ist 7.

b) Was ist die Hälfte von 6? 6 : 2 = 3
A: Die Hälfte von 6 ist 3.

c) Was ist die Hälfte von 16? 16 : 2 = 8
A: Die Hälfte von 16 ist 8.

4 Rechne. **8**

a) 17 : 1 = 17; 50 : 10 = 5
b) 90 : 10 = 9; 18 : 2 = 9
c) 70 : 10 = 7; 13 : 1 = 13
d) 4 : 2 = 2; 100 : 10 = 10

5 Rechne. **8**

a)

:	10	1
80	8	80
30	3	30

b)

:	2	1
20	10	20
60	30	60

c)

:	10	2
50	5	25
90	9	45

Du hast ___ von 38 Punkten erreicht.

Umkehraufgaben

zu Schülerbuchseiten 98–99

1 Male. Rechne Aufgabe und Umkehraufgabe. 9

a) Immer 6er-Türme

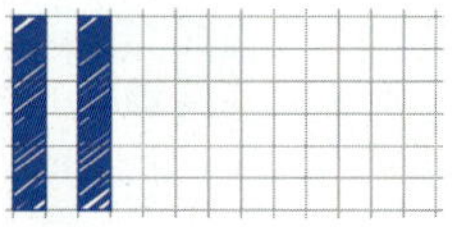

12 : 6 = 2
2 · 6 = 12

b) Immer 4er-Türme

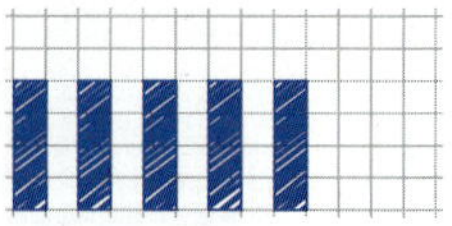

20 : 4 = 5
5 · 4 = 20

c) Immer 3er-Türme

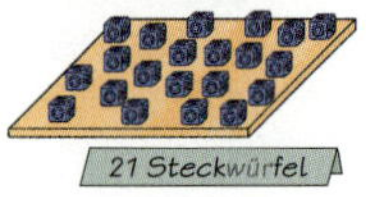

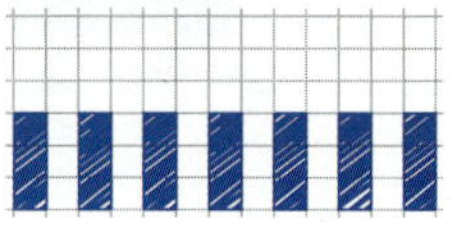

21 : 3 = 7
7 · 3 = 21

2 Rechne die Umkehraufgabe zuerst. 12

a) 40 : 5 = 8
8 · 5 = 40

b) 12 : 2 = 6
6 · 2 = 12

c) 36 : 6 = 6
6 · 6 = 36

d) 27 : 3 = 9
9 · 3 = 27

e) 28 : 4 = 7
7 · 4 = 28

f) 21 : 7 = 3
3 · 7 = 21

3 Rechne die Umkehraufgabe zuerst. 6

a) 16 : 8 = 2
2 · 8 = 16

b) 70 : 10 = 7
7 · 10 = 70

c) 54 : 6 = 9
9 · 6 = 54

4 Kontrolliere die Ergebnisse mit der Umkehraufgabe. Verbessere die Fehler. Schreibe die richtige Rechnung darunter. 6

a) 18 : 6 = 2 K: 2 · 6 = 12
18 : 6 = 3

b) 34 : 9 = 4 K: 4 · 9 = 36
36 : 9 = 4

Du hast ___ von 33 Punkten erreicht.

Aufgabenfamilien

zu Schülerbuchseiten 100–101

1 Finde die Aufgabenfamilie. 2 3 4

a) 28 4 7
4 · 7 = 28
7 · 4 = 28
28 : 7 = 4
28 : 4 = 7

b) 5 35
5 · 7 = 35
7 · 5 = 35
35 : 7 = 5
35 : 5 = 7

c) 54
6 · 9 = 54
9 · 6 = 54
54 : 9 = 6
54 : 6 = 9

2 Schreibe zu jedem Punktefeld die passende Aufgabenfamilie. 6

a)

8 · 3 = 24
3 · 8 = 24
24 : 3 = 8
24 : 8 = 3

b)

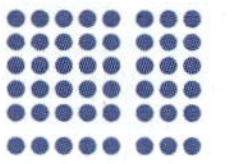

6 · 8 = 48
8 · 6 = 48
48 : 8 = 6
48 : 6 = 8

c)

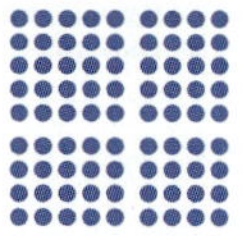

9 · 9 = 81
9 · 9 = 81
81 : 9 = 9
81 : 9 = 9

***3** Finde eine Aufgabenfamilie mit der Ergebniszahl. 12

a) 15
3 · 5 = 15
5 · 3 = 15
15 : 5 = 3
15 : 3 = 5

b) 36
6 · 6 = 36
6 · 6 = 36
36 : 6 = 6
36 : 6 = 6

c) 56
7 · 8 = 56
8 · 7 = 56
56 : 8 = 7
56 : 7 = 8

Du hast ___ von 27 Punkten erreicht.

* Beispiellösung

Fachbegriffe und Zahlenrätsel

zu Schülerbuchseite 102

1 Schreibe zu jedem Rechenzeichen die beiden passenden Wörter. 4

multiplizieren, minus, mal, subtrahieren, geteilt, dividieren, addieren, plus

+	plus	addieren
–	minus	subtrahieren
·	mal	multiplizieren
:	geteilt	dividieren

2 Wie heißt die gedachte Zahl? 12

a) Hanna denkt sich eine Zahl. Wenn sie von dieser Zahl 14 subtrahiert, erhält sie 43.
57 –14 → 43; 43 +14 → 57
A: Die Zahl heißt 57.

b) Max denkt sich eine Zahl. Wenn er durch 7 dividiert, erhält er 9.
63 :7 → 9; 9 ·7 → 63
A: Die Zahl heißt 63.

c) Emma denkt sich eine Zahl. Wenn sie 59 zu dieser Zahl addiert, erhält sie 62.
3 +59 → 62; 62 –59 → 3
A: Die Zahl heißt 3.

3 Wie heißt die gedachte Zahl? 14

a) Tim denkt sich eine Zahl. Er subtrahiert 67, dann dividiert er durch 6 und erhält 4.
91 –67 → 24 :6 → 4; 4 ·6 → 24 +67 → 91
A: Die Zahl heißt 91.

b) Mira denkt sich eine Zahl. Sie multipliziert mit 3, dann multipliziert sie nochmal mit 8 und erhält 72.
3 ·3 → 9 ·8 → 72; 72 :8 → 9 :3 → 3
A: Die Zahl heißt 3.

Du hast ___ von 30 Punkten erreicht.

Teilen mit Rest

zu Schülerbuchseiten 104–106

1 Setze fort und rechne. 15

a)
25 : 5 = 5
26 : 5 = 5 R 1
27 : 5 = 5 R 2
28 : 5 = 5 R 3
29 : 5 = 5 R 4
30 : 5 = 6

b)
10 : 7 = 1 R 3
11 : 7 = 1 R 4
12 : 7 = 1 R 5
13 : 7 = 1 R 6
14 : 7 = 2
15 : 7 = 2 R 1

c)
6 : 3 = 2
5 : 3 = 1 R 2
4 : 3 = 1 R 1
3 : 3 = 1
2 : 3 = 0 R 2
1 : 3 = 0 R 1

2 Rechne und kontrolliere mit der Umkehraufgabe. 18

a) 48 : 5 = 9 R 3
9 · 5 = 45
45 + 3 = 48

b) 67 : 10 = 6 R 7
6 · 10 = 60
60 + 7 = 67

c) 19 : 2 = 9 R 1
9 · 2 = 18
18 + 1 = 19

d) 30 : 4 = 7 R 2
7 · 4 = 28
28 + 2 = 30

e) 46 : 7 = 6 R 4
6 · 7 = 42
42 + 4 = 46

f) 59 : 6 = 9 R 5
9 · 6 = 54
54 + 5 = 59

3 Rechne. 9

:	8	4	9
24	3	6	2 R 6
29	3 R 5	7 R 1	3 R 2
16	2	4	1 R 7

Du hast ___ von 42 Punkten erreicht.

Muster | Körper | Ansichten

zu Schülerbuchseiten 110–113

1 Setze fort. Kreise das Motiv ein. **6**

a)

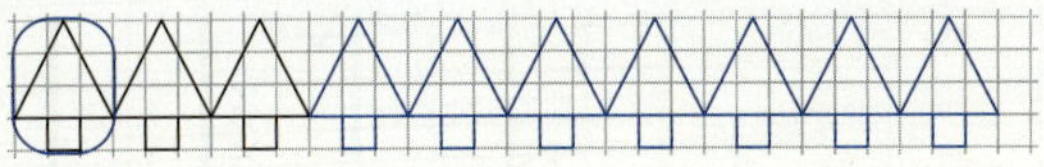

b)

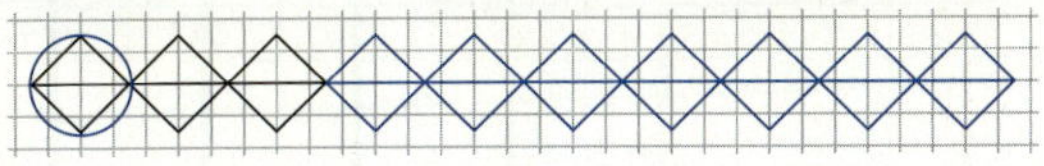

2 Trage die fehlenden Informationen in die Tabelle ein. **8**

	Kugel	Quader	Würfel	Zylinder
Flächen	1	6	6	3
Ecken	0	8	8	0
Kanten	0	12	12	2

3 Löse die Rätsel. Welcher Körper ist es? **4**

a) Ich habe 1 Fläche, aber keine Ecke und keine Kante. – Kugel

b) Ich habe 3 Flächen. Meine 2 Kanten sind gleich. – Zylinder

c) Ich habe 12 Kanten und 8 Ecken. Aber alle meine Kanten sind gleich lang. – Würfel

4 Welche Ansicht ist dargestellt? Verbinde. **6**

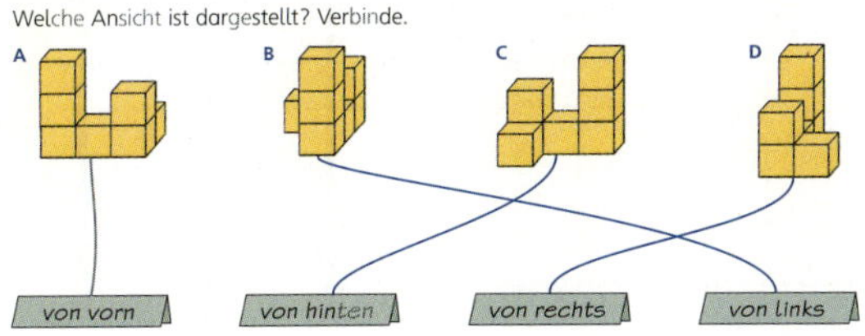

Du hast ☐ von 24 Punkten erreicht.

Sachrechnen mit Geld | Kommaschreibweise

zu Schülerbuchseiten 116–118

1 Löse die Sachaufgabe. **6**

a) Tim und Mira kaufen jeder eine große Portion Zuckerwatte. Wie viel müssen sie insgesamt bezahlen?

L:

R: 3 € + 3 € = 6 €

A: Sie müssen insgesamt 6 € bezahlen.

b) Mira bezahlt ihre große Portion Zuckerwatte mit einem 20-€-Schein. Wie viel bekommt sie zurück?

L:

R: 20 € – 3 € = 17 €

A: Sie bekommt 17 € zurück.

2 Schreibe in gemischter Schreibweise und mit Komma. **6**

a)

19 € 26 ct

19,26 €

b)

31 € 47 ct

31,47 €

c)

22 € 62 ct

22,62 €

3 Schreibe in Kommaschreibweise. **3**

a) 4 € 87 ct = 4,87 €

b) 16 € 23 ct = 16,23 €

c) 29 € 5 ct = 29,05 €

4 Schreibe in gemischter Schreibweise. **3**

a) 54,11 € = 54 € 11 ct

b) 13,90 € = 13 € 90 ct

c) 6,27 € = 6 € 27 ct

Du hast ☐ von 18 Punkten erreicht.

Uhr | Uhrzeiten | Tageszeiten | Zeitspannen

zu Schülerbuchseiten 119–123

1 Wie spät ist es? Schreibe beide Uhrzeiten. **4**

a) 9:00 Uhr / 21:00 Uhr

b) 1:20 Uhr / 13:20 Uhr

c) 7:50 Uhr / 19:50 Uhr

d) 11:42 Uhr / 23:42 Uhr

2 Zeichne die Zeiger ein. **4**

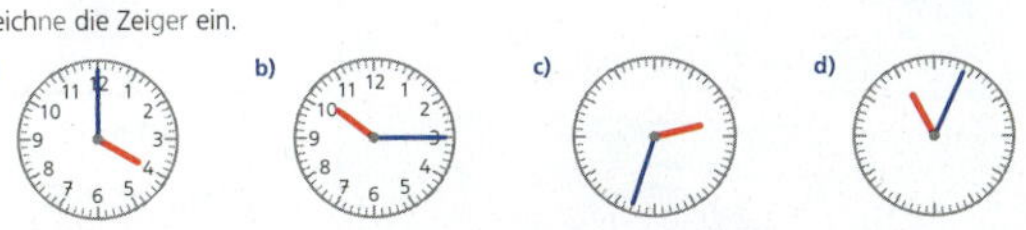

a) 16:00 Uhr

b) 10:15 Uhr

c) 2:33 Uhr

d) 23:04 Uhr

3 Wie spät ist es dann? Zeichne die Zeiger ein. Rechne, schreibe die Uhrzeit und die Tageszeit. **8**

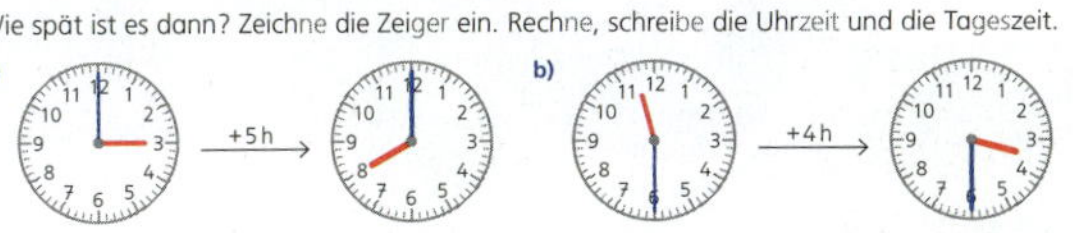

a) nachts 3:00 Uhr → +5 h → morgens 8:00 Uhr

b) vormittags 11:30 Uhr → +4 h → nachmittags 15:30 Uhr

4 Wie viel Zeit ist vergangen? Rechne. **6**

a) 4:00 Uhr + 6 h → 10:00 Uhr

b) 13:00 Uhr + 6 h → 19:00 Uhr

c) 12:00 Uhr + 10 h → 22:00 Uhr

d) 7:00 Uhr + 4 h → 11:00 Uhr

e) 14:00 Uhr + 50 min → 14:50 Uhr

f) 19:00 Uhr + 35 min → 19:35 Uhr

g) 8:00 Uhr + 27 min → 8:27 Uhr

h) 10:20 Uhr + 20 min → 10:40 Uhr

i) 3:00 Uhr + 6 h → 9:00 Uhr + 45 min → 9:45 Uhr

j) 16:00 Uhr + 4 h → 20:00 Uhr + 17 min → 20:17 Uhr

Du hast ☐ von 22 Punkten erreicht.

Sachrechnen mit Zeit

zu Schülerbuchseiten 124–125

1 Welche Frage kannst du beantworten? Kreuze an. **7**

KINO	TITEL	BEGINN	DAUER
1	Pia und Emil	14:00 Uhr // 16:30 Uhr	1 h 30 min
2	Die Bärenfamilie ***3D***	15:15 Uhr // 17:45 Uhr	1 h 00 min
3	Zum Mond und zurück	18:00 Uhr // 21:00 Uhr	1 h 20 min
4	Das Geheimnis der Mumie	19:00 Uhr	1 h 15 min
5	Superagent X (FSK 12)	20:20 Uhr // 22:15 Uhr	1 h 40 min

a) Wie viele Kinosäle gibt es?
- [x] Kann ich beantworten.
- [ ] Kann ich nicht beantworten.

b) Wie viel kostet eine Kinderkarte?
- [ ] Kann ich beantworten.
- [x] Kann ich nicht beantworten.

c) Wann beginnt der Film mit Pia und Emil?
- [x] Kann ich beantworten.
- [ ] Kann ich nicht beantworten.

d) Wo sind die Toiletten?
- [ ] Kann ich beantworten.
- [x] Kann ich nicht beantworten.

e) Wie viele Personen sehen den Agentenfilm?
- [ ] Kann ich beantworten.
- [x] Kann ich nicht beantworten.

f) Wie lange dauert der Mumienfilm?
- [x] Kann ich beantworten.
- [ ] Kann ich nicht beantworten.

g) Wann ist der Film „Die Bärenfamilie" zu Ende?
- [x] Kann ich beantworten.
- [ ] Kann ich nicht beantworten.

2 Löse die Sachaufgabe. **9**

a) Mira und Emma schauen sich den Film „Die Bärenfamilie" um 15:15 Uhr an.

F: Wann endet der Film?

L:

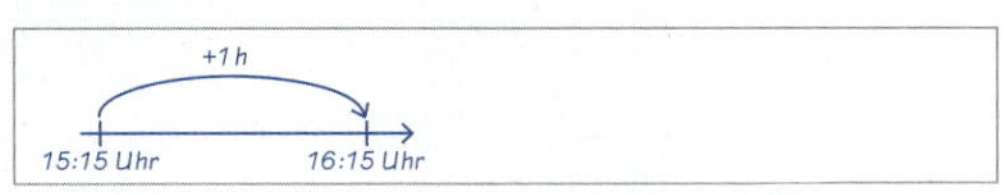

R: 15:15 Uhr → +1 h → 16:15 Uhr

A: Der Film endet um 16:15 Uhr.

b) Tim schaut sich „Das Geheimnis der Mumie" an.

F: Wann endet der Film?

L:

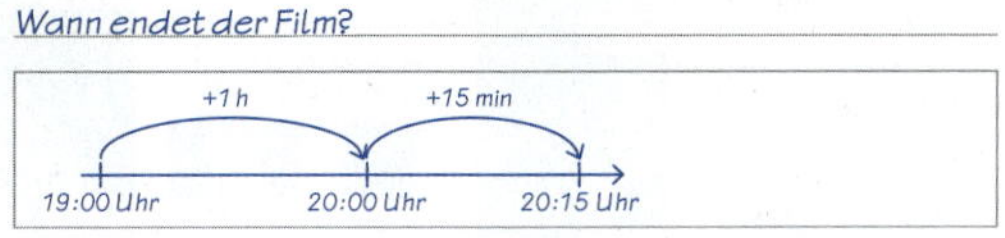

R: 19:00 Uhr → +1 h → 20:00 Uhr → +15 min → 20:15 Uhr

A: Der Film endet um 20:15 Uhr.

Du hast ☐ von 16 Punkten erreicht.

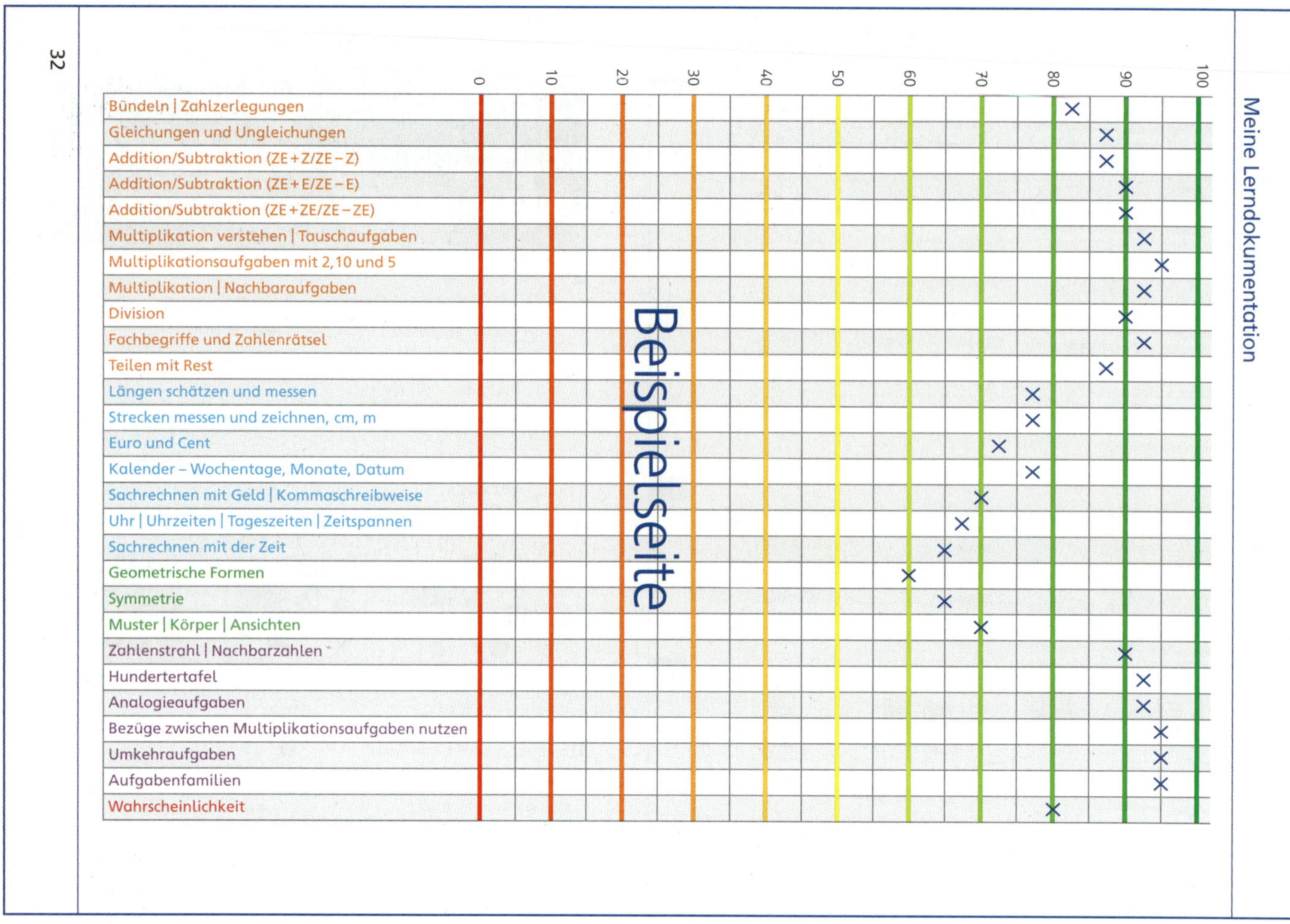
32
Meine Lerndokumentation
Beispielseite
0
10
20
30
40
50
60
70
80
90
100
Bündeln | Zahlzerlegungen
Gleichungen und Ungleichungen
Addition/Subtraktion (ZE + Z/ZE − Z)
Addition/Subtraktion (ZE + E/ZE − E)
Addition/Subtraktion (ZE + ZE/ZE − ZE)
Multiplikation verstehen | Tauschaufgaben
Multiplikationsaufgaben mit 2, 10 und 5
Multiplikation | Nachbaraufgaben
Division
Fachbegriffe und Zahlenrätsel
Teilen mit Rest
Längen schätzen und messen
Strecken messen und zeichnen, cm, m
Euro und Cent
Kalender – Wochentage, Monate, Datum
Sachrechnen mit Geld | Kommaschreibweise
Uhr | Uhrzeiten | Tageszeiten | Zeitspannen
Sachrechnen mit der Zeit
Geometrische Formen
Symmetrie
Muster | Körper | Ansichten
Zahlenstrahl | Nachbarzahlen
Hundertertafel
Analogieaufgaben
Bezüge zwischen Multiplikationsaufgaben nutzen
Umkehraufgaben
Aufgabenfamilien
Wahrscheinlichkeit

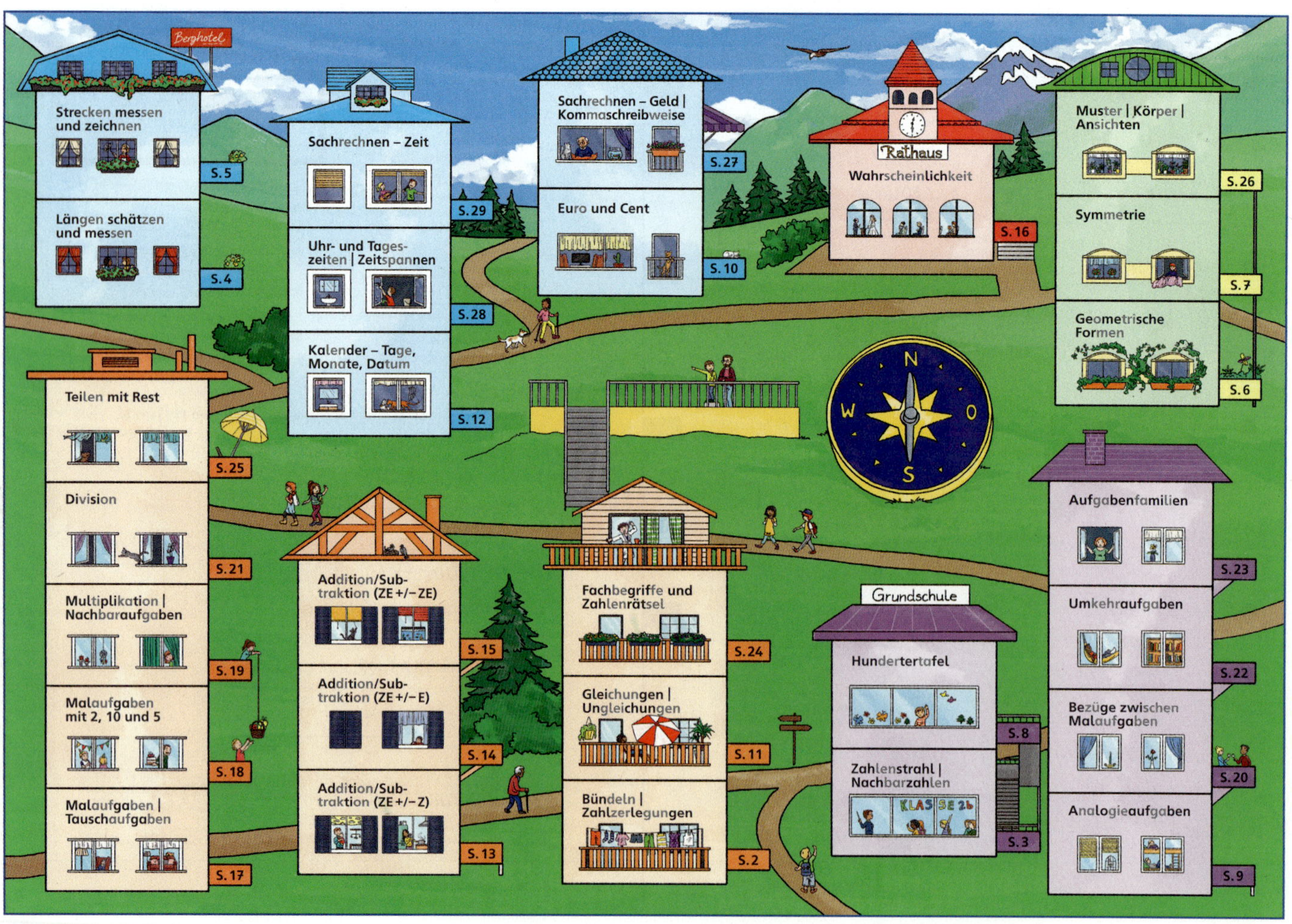
Berghotel
Strecken messen und zeichnen
S. 5
Längen schätzen und messen
S. 4
Sachrechnen – Zeit
S. 29
Uhr- und Tageszeiten | Zeitspannen
S. 28
Kalender – Tage, Monate, Datum
S. 12
Sachrechnen – Geld | Kommaschreibweise
S. 27
Euro und Cent
S. 10
Rathaus
Wahrscheinlichkeit
S. 16
Muster | Körper | Ansichten
S. 26
Symmetrie
S. 7
Geometrische Formen
S. 6
N
W
O
S
Teilen mit Rest
S. 25
Division
S. 21
Multiplikation | Nachbaraufgaben
S. 19
Malaufgaben mit 2, 10 und 5
S. 18
Malaufgaben | Tauschaufgaben
S. 17
Addition/Subtraktion (ZE +/− ZE)
S. 15
Addition/Subtraktion (ZE +/− E)
S. 14
Addition/Subtraktion (ZE +/− Z)
S. 13
Fachbegriffe und Zahlenrätsel
S. 24
Gleichungen | Ungleichungen
S. 11
Bündeln | Zahlzerlegungen
S. 2
Grundschule
Hundertertafel
S. 8
Zahlenstrahl | Nachbarzahlen
S. 3
Aufgabenfamilien
S. 23
Umkehraufgaben
S. 22
Bezüge zwischen Malaufgaben
S. 20
Analogieaufgaben
S. 9

Seite 16

Wahrscheinlichkeit

Seite 23

Aufgabenfamilien

Seite 17

Malaufgaben | Tauschaufgaben

Seite 24

Fachbegriffe und Zahlenrätsel

Seite 18

Malaufgaben mit 2, 10 und 5

Seite 25

Teilen mit Rest

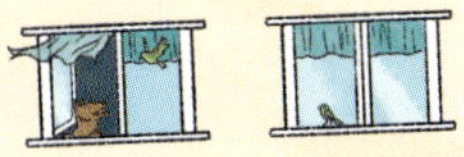

Seite 19

Multiplikation | Nachbaraufgaben

Seite 26

Muster | Körper | Ansichten

Seite 20

Bezüge zwischen Malaufgaben

Seite 27

Sachrechnen – Geld | Kommaschreibweise

Seite 21

Division

Seite 28

Uhr- und Tageszeiten | Zeitspannen

Seite 22

Umkehraufgaben

Seite 29

Sachrechnen – Zeit

+ + =

· =

+ =

· =

b)

+ + + + =

· =

…ufgabe und rechne.

b) 6 + 6 + 6 = ☐
☐ · ☐ = ☐

c) 3 + 3 + 3 + 3 = ☐
☐ · ☐ = ☐

e) 10 + 10 = ☐
☐ · ☐ = ☐

f) 7 + 7 + 7 = ☐
☐ · ☐ = ☐

…aufgabe zum Punktefeld und rechne.

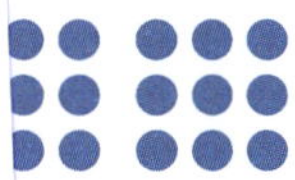

☐ = ☐
☐ = ☐

c)

☐ · ☐ = ☐
☐ · ☐ = ☐

d)

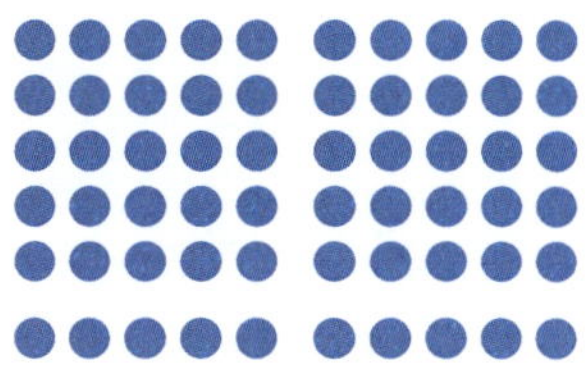

☐ · ☐ = ☐
☐ · ☐ = ☐

…abe.

b) 3 · 7
☐ · ☐ = ☐
☐ · ☐ = ☐

c) 8 · 5
☐ · ☐ = ☐
☐ · ☐ = ☐

1 Schreibe die Verdopplungsaufgaben als Malaufgaben und rechne.

a) 3 + 3 ☐ · ☐ = ☐
b) 5 + 5 ☐ · ☐ = ☐
c) 4 + 4 ☐ · ☐ = ☐
d) 6 + 6 ☐ · ☐ = ☐
e) 10 + 10 ☐ · ☐ = ☐
f) 2 + 2 ☐ · ☐ = ☐

2 Rechne.

a) 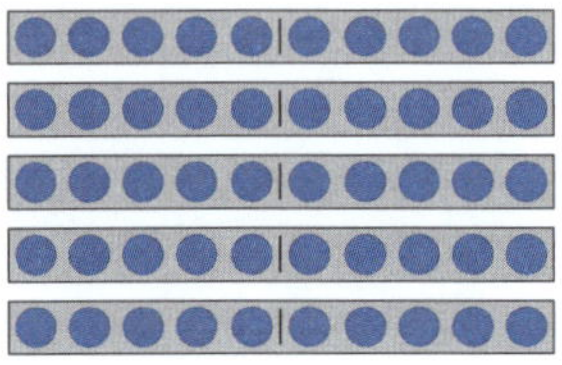
☐ · ☐ = ☐

b) 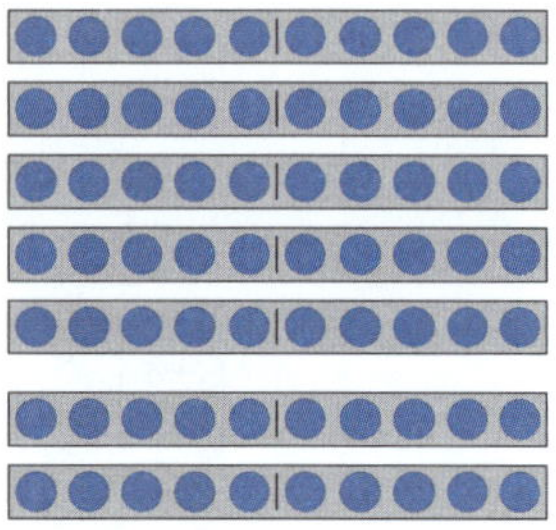
☐ · ☐ = ☐

c) 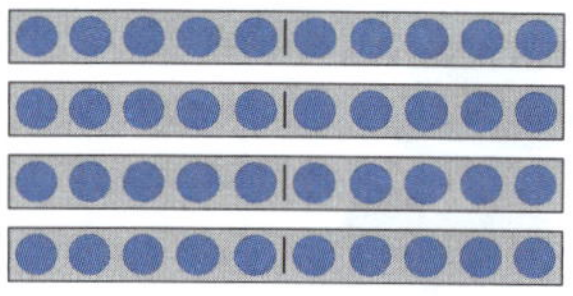
☐ · ☐ = ☐

3 Male das Punktefeld und rechne.

a) 4 · 5 = ☐
b) 2 · 5 = ☐
c) 3 · 5 = ☐
d) 5 · 5 = ☐

4 Rechne.

a) 6 · 10 = ☐
6 · 5 = ☐

b) 5 · 10 = ☐
5 · 5 = ☐

c) 2 · 10 = ☐
2 · 5 = ☐

d) 8 · 10 = ☐
8 · 5 = ☐

e) 9 · 10 = ☐
9 · 5 = ☐

f) 7 · 10 = ☐
7 · 5 = ☐

g) 3 · 10 = ☐
3 · 5 = ☐

h) 0 · 10 = ☐
0 · 5 = ☐

5 Ergänze.

Zahl		10		7		1	5		2	6	
das Zweifache	16							6			
das Zehnfache					40						90
das Fünffache			0								

Diese Aufgaben waren für mich ☺ 😐 ☹

1 Rechne die Malaufgaben mit 2 und mit 4.

a)
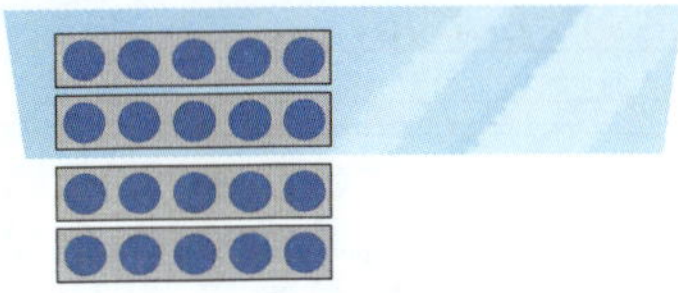

___ · ___ = ___
___ · ___ = ___

b)
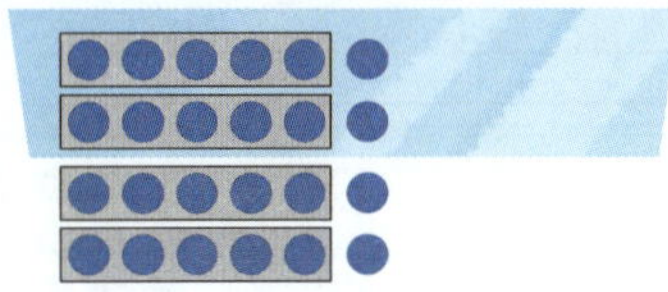

___ · ___ = ___
___ · ___ = ___

c)
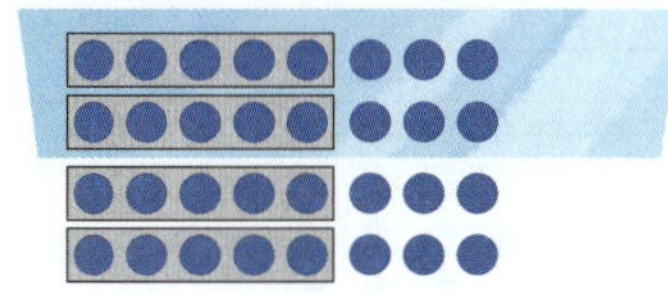

___ · ___ = ___
___ · ___ = ___

2 Rechne die Malaufgaben mit 4 und mit 8.

a)

___ · ___ = ___
___ · ___ = ___

b)
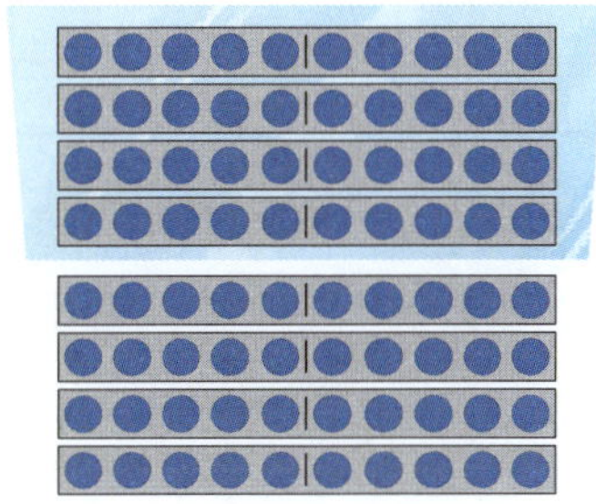

___ · ___ = ___
___ · ___ = ___

c)

___ · ___ = ___
___ · ___ = ___

3 Ergänze.

Zahl		7		10			2		6	8	9
das Vierfache	16					4		12			
das Achtfache			0		40						

4 Rechne zuerst die Nachbaraufgabe.

a) 4 · 2 = ___
4 · 3 = ___

b) 7 · 2 = ___
7 · 3 = ___

c) 2 · 5 = ___
3 · 5 = ___

d) 8 · 5 = ___
8 · 6 = ___

e) 4 · 5 = ___
4 · 6 = ___

f) 5 · 6 = ___
6 · 6 = ___

g) 10 · 6 = ___
9 · 6 = ___

h) 3 · 10 = ___
3 · 9 = ___

5 Zerlege in Kernaufgaben und rechne.

a) 7 · 6 =
5 · 6 =
2 · 6 =

b) 7 · 8 =

c) 7 · 7 =

d) 7 · 9 =

Diese Aufgaben waren für mich ☺ 😐 ☹

1 Zerlege in Kernaufgaben und rechne.

a)

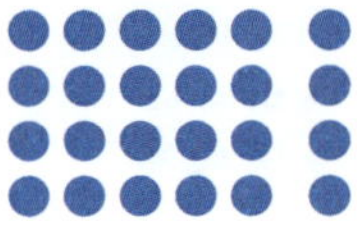

· =

· =

· =

b)

· =

· =

· =

c)

· =

· =

· =

d)

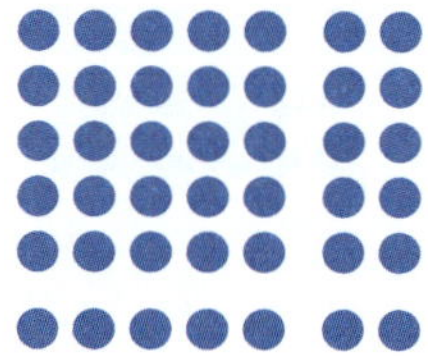

· =

· =

· =

2 Zeichne ein Punktefeld. Zerlege in Kernaufgaben. Schreibe die Malaufgaben und rechne.

a) 5 · 8 + 1 · 8

40
5 · 8 + · = · =

b) 2 · 9 + 2 · 9

· + · = · =

3 Zerlege in Kernaufgaben und rechne.

a) 4 · 8 =
· =
· =

b) 6 · 3 =
· =
· =

c) 3 · 9 =
· =
· =

d) 7 · 8 =
· =
· =

e) 6 · 6 =
· =
· =

f) 7 · 4 =
· =
· =

g) 8 · 5 =
· =
· =
· =

h) 8 · 8 =
· =
· =
· =

Diese Aufgaben waren für mich ☺ 😐 ☹

1 Teile auf. Male und rechne.

a) Immer 4 Kinder in einer Gruppe.

16 Kinder

___ : ___ = ___

Es sind ___ Gruppen.

b) Immer 2 Räder an einem Roller.

12 Räder

___ : ___ = ___

Es sind ___ Roller.

2 Verteile. Male und rechne.

a)

18 Karten

___ : ___ = ___

Jedes Kind bekommt ___ Karten.

b)

15 Fotos

___ : ___ = ___

Auf jeder Seite sind ___ Fotos.

3 Wie heißt die passende Geteiltaufgabe? Rechne und schreibe einen Antwortsatz.

a) Was ist die Hälfte von 14?

___ : ___ = ___

A: Die Hälfte von ______ ____________.

b) Was ist die Hälfte von 6?

___ : ___ = ___

A: Die Hälfte von ______ ____________.

c) Was ist die Hälfte von 16?

___ : ___ = ___

A: Die Hälfte von ______ ____________.

4 Rechne.

a) 17 : 1 = ___
50 : 10 = ___

b) 90 : 10 = ___
18 : 2 = ___

c) 70 : 10 = ___
13 : 1 = ___

d) 4 : 2 = ___
100 : 10 = ___

5 Rechne.

a)

:	10	1
80		
30		

b)

:		1
		20
60	30	

c)

:	10	2
	5	
	9	

Diese Aufgaben waren für mich ☺ 😐 ☹

1 Male. Rechne Aufgabe und Umkehraufgabe.

a) Immer 6er-Türme

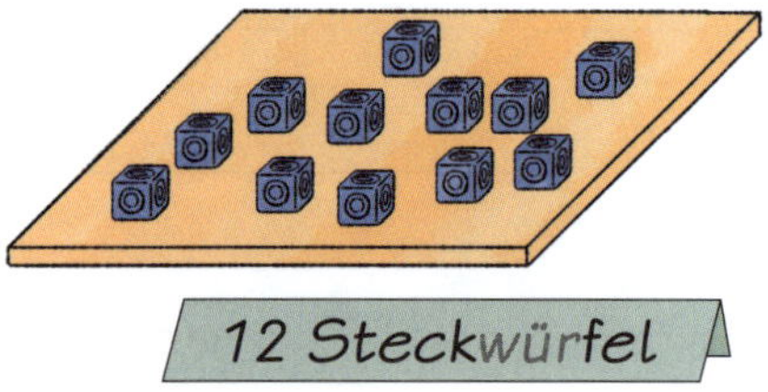

___ : ___ = ___
___ · ___ = ___

b) Immer 4er-Türme

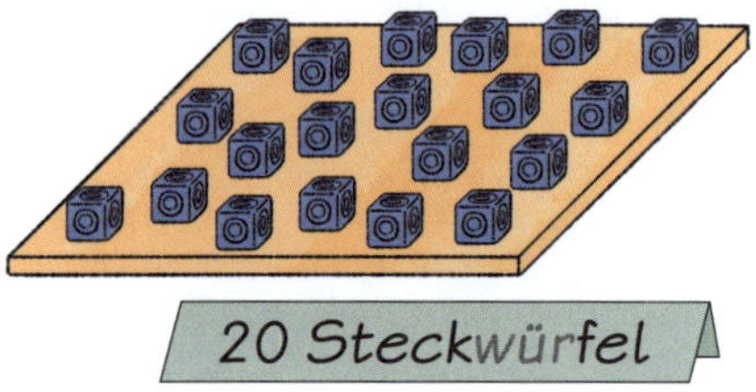

___ : ___ = ___
___ · ___ = ___

c) Immer 3er-Türme

___ : ___ = ___
___ · ___ = ___

2 Rechne die Umkehraufgabe zuerst.

a) 40 : 5 = ___
___ · ___ = ___

b) 12 : 2 = ___
___ · ___ = ___

c) 36 : 6 = ___
___ · ___ = ___

d) 27 : 3 = ___
___ · ___ = ___

e) 28 : 4 = ___
___ · ___ = ___

f) 21 : 7 = ___
___ · ___ = ___

3 Rechne die Umkehraufgabe zuerst.

a) 16 : ___ = 2
___ · ___ = ___

b) 70 : ___ = 7
___ · ___ = ___

c) 54 : ___ = 9
___ · ___ = ___

4 Kontrolliere die Ergebnisse mit der Umkehraufgabe. Verbessere die Fehler. Schreibe die richtige Rechnung darunter.

a) 18 : 6 = 2 K: ____________
___ : ___ = ___

b) 34 : 9 = 4 K: ____________
___ : ___ = ___

Diese Aufgaben waren für mich ☺ 😐 ☹

1 Finde die Aufgabenfamilie.

a) 28 4 7

b) 5 35

c) 54

2 Schreibe zu jedem Punktefeld die passende Aufgabenfamilie.

a)
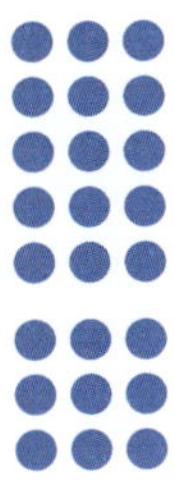

b)
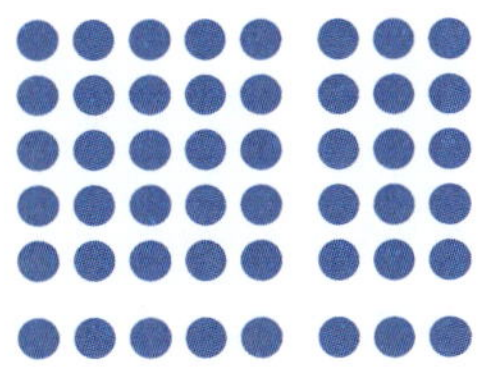

c)
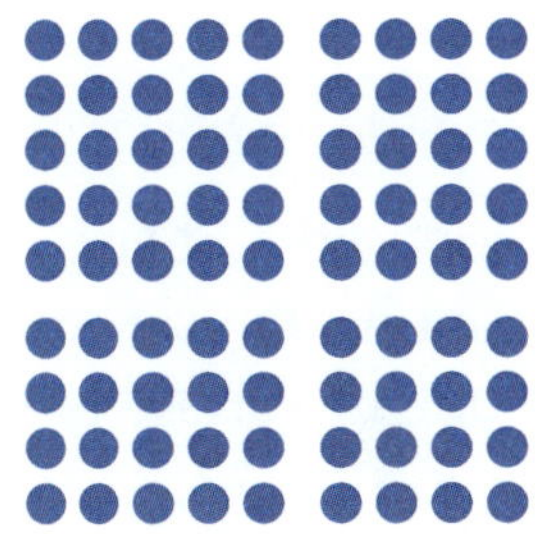

3 Finde eine Aufgabenfamilie mit der Ergebniszahl.

a) 15

b) 36

c) 56

Diese Aufgaben waren für mich ☺ 😐 ☹

Fachbegriffe und Zahlenrätsel

1 Schreibe zu jedem Rechenzeichen die beiden passenden Wörter.

multiplizieren | minus | mal | subtrahieren

geteilt | dividieren | addieren | plus

+ ____________________ ____________________

− ____________________ ____________________

· ____________________ ____________________

: ____________________ ____________________

2 Wie heißt die gedachte Zahl?

a) Hanna denkt sich eine Zahl. Wenn sie von dieser Zahl 14 subtrahiert, erhält sie 43.

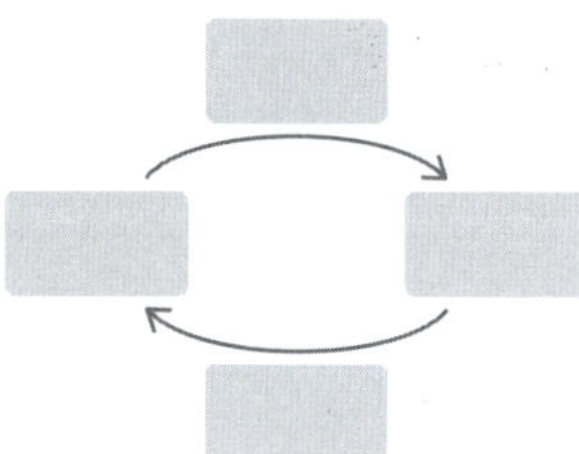

A: Die Zahl heißt ____.

b) Max denkt sich eine Zahl. Wenn er durch 7 dividiert, erhält er 9.

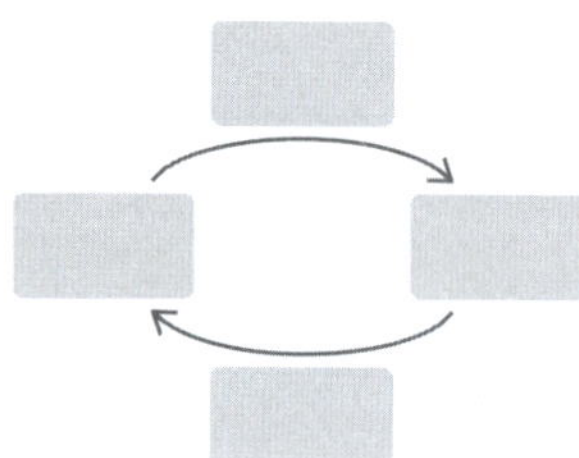

A: Die Zahl heißt ____.

c) Emma denkt sich eine Zahl. Wenn sie 59 zu dieser Zahl addiert, erhält sie 62.

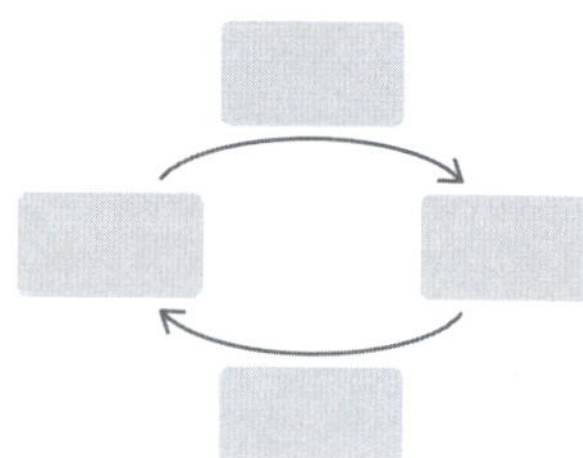

A: Die Zahl heißt ____.

3 Wie heißt die gedachte Zahl?

a) Tim denkt sich eine Zahl. Er subtrahiert 67, dann dividiert er durch 6 und erhält 4.

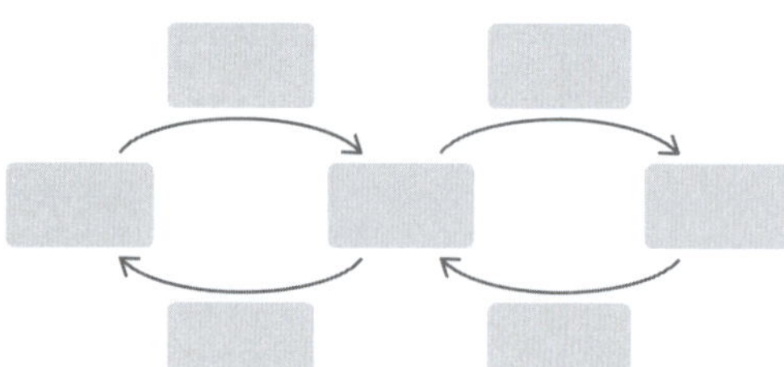

A: Die Zahl heißt ____.

b) Mira denkt sich eine Zahl. Sie multipliziert mit 3, dann multipliziert sie nochmal mit 8 und erhält 72.

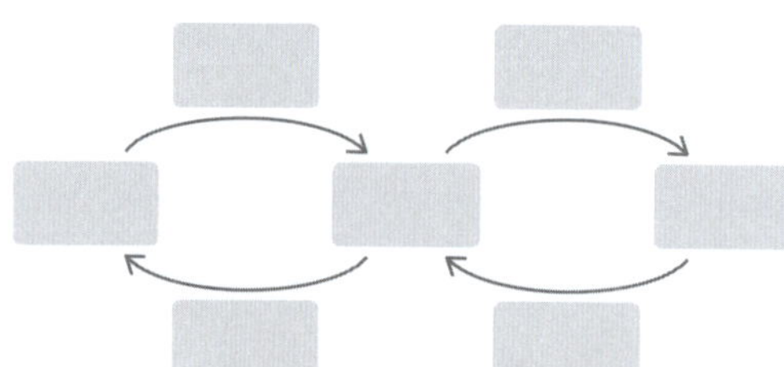

A: Die Zahl heißt ____.

Diese Aufgaben waren für mich ☺ 😐 ☹

1 Setze fort und rechne.

a)

25	:	5	=	
26	:	5	=	
27	:		=	
	:		=	
	:		=	
	:		=	

b)

10	:	7	=	
11	:	7	=	
12	:		=	
	:		=	
	:		=	
	:		=	

c)

6	:	3	=	
5	:	3	=	
4	:		=	
	:		=	
	:		=	
	:		=	

2 Rechne und kontrolliere mit der Umkehraufgabe.

a) 48 : 5 =

b) 67 : 10 =

c) 19 : 2 =

d) 30 : 4 =

e) 46 : 7 =

f) 59 : 6 =

3 Rechne.

:			
	3	6	
29			
16	2		1 R 7

Diese Aufgaben waren für mich

1 Setze fort. Kreise das Motiv ein.

a)

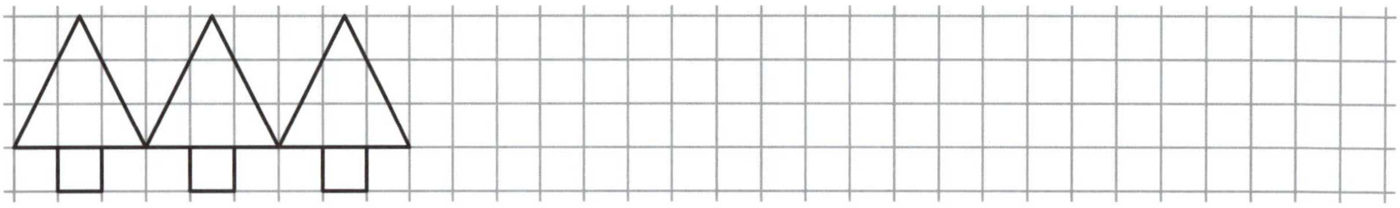

b)

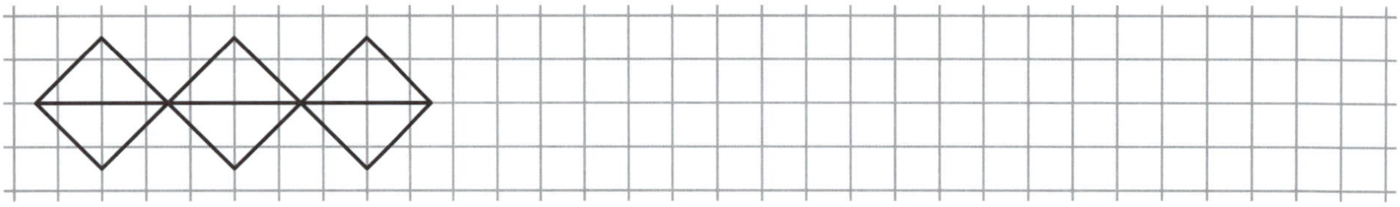

2 Trage die fehlenden Informationen in die Tabelle ein.

		Quader		Zylinder
Flächen	1	6		3
	0		8	
Kanten			12	2

3 Löse die Rätsel. Welcher Körper ist es?

a) Ich habe 1 Fläche, aber keine Ecke und keine Kante.

____

b) Ich habe 3 Flächen. Meine 2 Kanten sind gleich.

____

c) Ich habe 12 Kanten und 8 Ecken. Aber alle meine Kanten sind gleich lang.

____

4 Welche Ansicht ist dargestellt? Verbinde.

A B C D

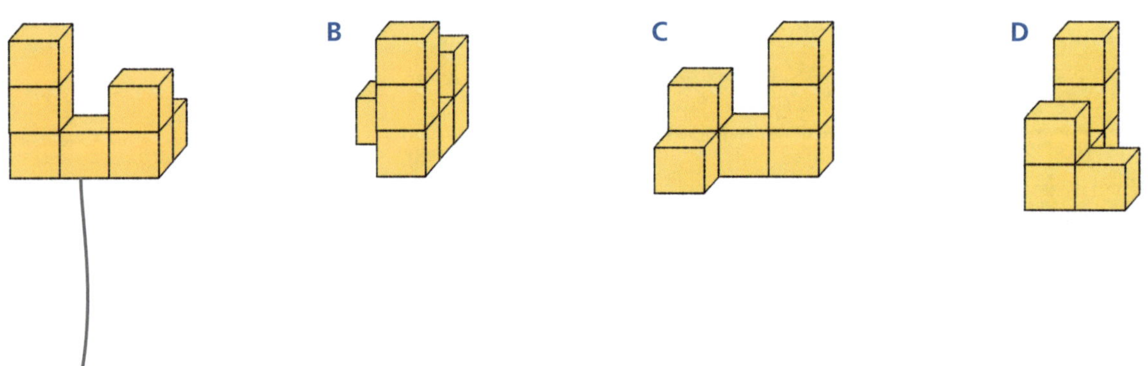

von vorn | von hinten | von rechts | von links

Diese Aufgaben waren für mich

1 Löse die Sachaufgabe.

a) Tim und Mira kaufen jeder eine große Portion Zuckerwatte. Wie viel müssen sie insgesamt bezahlen?

L:

R:

A: ______________________________

____

b) Mira bezahlt ihre große Portion Zuckerwatte mit einem 20-€-Schein. Wie viel bekommt sie zurück?

L:

R:

A: ______________________________

____

2 Schreibe in gemischter Schreibweise und mit Komma.

a)

_____ € _____ ct

__________ €

b)

_____ € _____ ct

__________ €

c)

_____ € _____ ct

__________ €

3 Schreibe in Kommaschreibweise.

a) 4 € 87 ct = __________

b) 16 € 23 ct = __________

c) 29 € 5 ct = __________

4 Schreibe in gemischter Schreibweise.

a) 54,11 € = __________

b) 13,90 € = __________

c) 6,27 € = __________

Diese Aufgaben waren für mich ☺ 😐 ☹

1 Wie spät ist es? Schreibe beide Uhrzeiten.

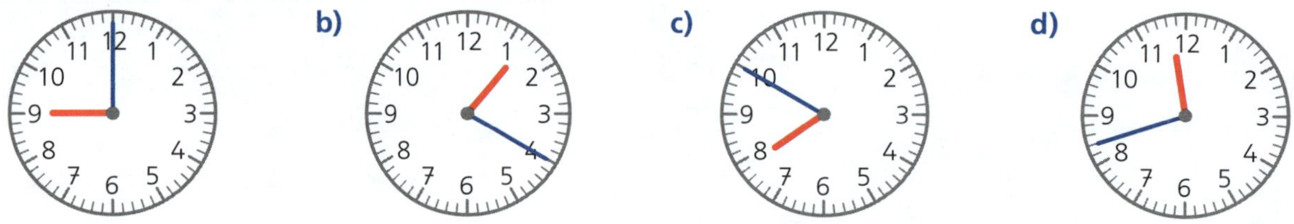

a) ____ ____

b) ____ ____

c) ____ ____

d) ____ ____

2 Zeichne die Zeiger ein.

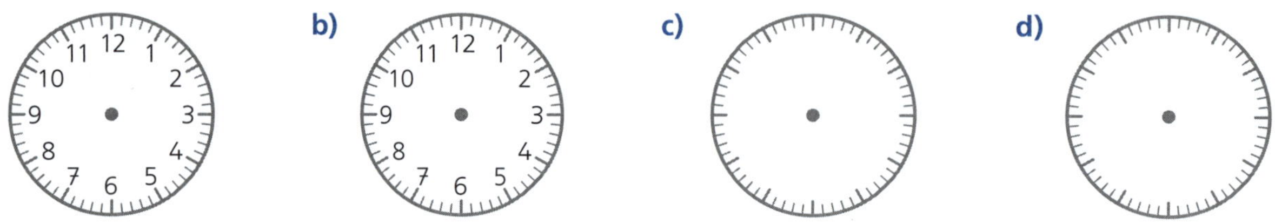

a) 16:00 Uhr

b) 10:15 Uhr

c) 2:33 Uhr

d) 23:04 Uhr

3 Wie spät ist es dann? Zeichne die Zeiger ein. Rechne, schreibe die Uhrzeit und die Tageszeit.

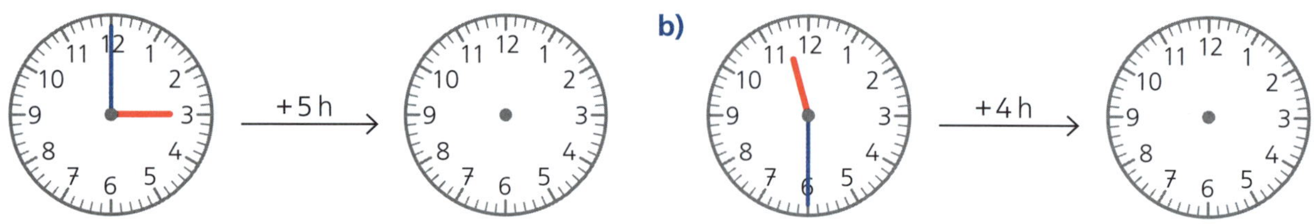

a) nachts ____ → ____ ____

b) vormittags ____ → ____ ____

4 Wie viel Zeit ist vergangen? Rechne.

a) 4:00 Uhr —+____→ 10:00 Uhr

b) 13:00 Uhr —+____→ 19:00 Uhr

c) 12:00 Uhr —+____→ 22:00 Uhr

d) 7:00 Uhr —+____→ 11:00 Uhr

e) 14:00 Uhr —+____→ 14:50 Uhr

f) 19:00 Uhr —+____→ 19:35 Uhr

g) 8:00 Uhr —+____→ 8:27 Uhr

h) 10:20 Uhr —+____→ 10:40 Uhr

i) 3:00 Uhr —+____→ 9:00 Uhr —+____→ 9:45 Uhr

j) 16:00 Uhr —+____→ 20:00 Uhr —+____→ 20:17 Uhr

Diese Aufgaben waren für mich ☺ 😐 ☹

1 Welche Frage kannst du beantworten? Kreuze an.

KINO	TITEL	BEGINN	DAUER
1	Pia und Emil	14:00 Uhr // 16:30 Uhr	1 h 30 min
2	Die Bärenfamilie ***3D***	15:15 Uhr // 17:45 Uhr	1 h 00 min
3	Zum Mond und zurück	18:00 Uhr // 21:00 Uhr	1 h 20 min
4	Das Geheimnis der Mumie	19:00 Uhr	1 h 15 min
5	Superagent X (FSK 12)	20:20 Uhr // 22:15 Uhr	1 h 40 min

a) Wie viele Kinosäle gibt es?
- Kann ich beantworten.
- Kann ich nicht beantworten.

b) Wie viel kostet eine Kinderkarte?
- Kann ich beantworten.
- Kann ich nicht beantworten.

c) Wann beginnt der Film mit Pia und Emil?
- Kann ich beantworten.
- Kann ich nicht beantworten.

d) Wo sind die Toiletten?
- Kann ich beantworten.
- Kann ich nicht beantworten.

e) Wie viele Personen sehen den Agentenfilm?
- Kann ich beantworten.
- Kann ich nicht beantworten.

f) Wie lange dauert der Mumienfilm?
- Kann ich beantworten.
- Kann ich nicht beantworten.

g) Wann ist der Film „Die Bärenfamilie" zu Ende?
- Kann ich beantworten.
- Kann ich nicht beantworten.

2 Löse die Sachaufgabe.

a) Mira und Emma schauen sich den Film „Die Bärenfamilie" um 15:15 Uhr an.

F: Wann endet der Film?

L:

R:

A: ______________________________

b) Tim schaut sich „Das Geheimnis der Mumie" an.

F: ______________________________

L:

R:

A: ______________________________

Diese Aufgaben waren für mich ☺ 😐 ☹

Zahlen und Operationen

Seite	Inhaltsbezogene Kompetenzen	++	+	0	–	––	Bemerkungen	Empfehlung
2	Zehnerbündelungen darstellen							AH, FöH, FoH, KVs S. 3–6
2	Zerlegungen im Zahlenraum bis 100							AH, FöH, FoH, KVs S. 3–6
11	Gleichungen und Ungleichungen lösen							AH, FöH, FoH, KVs S. 26
13	Additions- und Subtraktionsaufgaben (ZE +/– Z) rechnen							AH, FöH, FoH, KVs S. 29–30
13	Schöne Päckchen fortsetzen und lösen							AH, FöH, FoH, KVs S. 29–30
14	Additions- und Subtraktionsaufgaben (ZE +/– E) mit und ohne Anschauungshilfe lösen							AH, FöH, FoH, KVs S. 31–35
15	Additions- und Subtraktionsaufgaben (ZE +/– ZE) rechnen							AH, FöH, FoH, KVs S. 37–40
17	Multiplikativen Sachsituationen Multiplikationsaufgaben und Additionsaufgaben mit gleichem Summanden zuordnen							AH, FöH, FoH, KVs S. 44–45
17	Multiplikativen Mustern Aufgaben zuordnen							AH, FöH, FoH, KVs S. 44–45
17	Aufgabe und Tauschaufgabe zueinander in Beziehung setzen							AH, FöH, FoH, KVs S. 45
18	Anwenden der Kernaufgaben und deren Umkehrungen							AH, FöH, FoH, KVs S. 46–47
19	Aufgaben mit 2, 4 und 8 lösen							AH, FöH, FoH, KVs S. 50–55
19	Nutzen von Rechenstrategien (Nachbaraufgaben, Verdopplung, Zusammensetzen aus Kernaufgaben)							AH, FöH, FoH, KVs S. 50–55
21	Passende Divisionsrechnungen zu Sachsituationen notieren und lösen							AH, FöH, FoH, KVs S. 59–62
24	Fachbegriffe für die vier Grundrechenarten kennen							AH, FöH, FoH, KVs S. 65
24	Zahlenrätsel mit Pfeildiagrammen lösen							AH, FöH, FoH, KVs S. 65
25	Divisionsaufgaben mit Rest lösen und kontrollieren							AH, FöH, FoH, KVs S. 66–67

Größen und Messen

Seite	Inhaltsbezogene Kompetenzen	++	+	0	–	––	Bemerkungen	Empfehlung
4	Abkürzungen zu den standardisierten Maßeinheiten (m und cm) verwenden und Messergebnisse in ganzzahligen Maßzahlen notieren							AH, FöH, FoH, KVs S. 11–14
4	Größen unter Verwendung von sicher abrufbaren Bezugsgrößen aus ihrer Erfahrungswelt schätzen und durch Messen überprüfen							AH, FöH, FoH, KVs S. 11–14
4	Längen vergleichen, ordnen und Annahmen begründen							AH, FöH, FoH, KVs S. 11–14
5	Längen und Zeitspannen mit geeigneten Messgeräten messen. Messergebnisse mit Maßzahl und standardisierten Maßeinheiten angeben (Meter und Zentimeter)							AH, FöH, FoH, KVs S. 15–16
5	Strecken nach Vorgabe zeichnen und Strecken genau messen							AH, FöH, FoH, KVs S. 15–16
5	Rechnen mit Maßzahlen							AH, FöH, FoH, KVs S. 15–16
10	Geldbeträge bestimmen und darstellen							AH, FöH, FoH, KVs S. 23
12	Tage, Monate und Datum bestimmen und zuordnen							AH, FöH, FoH, KVs S. 27
27	Sachaufgaben zum Thema „Geld" lösen							AH, FöH, FoH, KVs S. 74–75
27	Beträge in gemischter Schreibweise und mit Komma darstellen/umformen							AH, FöH, FoH, KVs S. 74–75
28	Uhrzeiten mit Stunden und Minuten bestimmen/Zeiger einzeichnen							AH, FöH, FoH, KVs S. 76–79

		++	+	0	–	––		
28	Tageszeiten zuordnen							AH, FöH, FoH, KVs S. 76–79
28	Zeitspannen in Stunden/Minuten berechnen							AH, FöH, FoH, KVs S. 76–79
29	Sachaufgaben zum Thema „Zeit" lösen							AH, FöH, FoH, KVs S. 80

Raum und Form

Seite	Inhaltsbezogene Kompetenzen	++	+	0	–	––	Bemerkungen	Empfehlung
6	Eigenschaften von Flächenformen und Körpern mithilfe der Fachbegriffe Ecke und Seite vergleichen und beschreiben							AH, FöH, FoH, KVs S. 17
6	Begriffe Quadrat und Rechteck den jeweiligen Flächenformen korrekt und routiniert zuordnen							AH, FöH, FoH, KVs S. 17
6	Zeichnungen von ebenen Figuren im Gitternetz anfertigen							AH, FöH, FoH, KVs S. 17
7	Merkmale von achsensymmetrischen Figuren beschreiben und die Achsensymmetrie durch Kontrolle mit dem Spiegel überprüfen							AH, FöH, FoH, KVs S. 18–19
7	Symmetrieachsen einzeichnen							AH, FöH, FoH, KVs S. 18–19
7	Einfache achsensymmetrische Figuren durch Spannen am Geobrett erzeugen							AH, FöH, FoH, KVs S. 18–19
26	Symmetrische Muster beschreiben und eigene Muster entwickeln							AH, FöH, FoH, KVs S. 69
26	Eigenschaften von Körperformen mithilfe der Fachbegriffe Ecke, Kante und Seitenfläche vergleichen und beschreiben und entsprechende Beziehungen herstellen							AH, FöH, FoH, KVs S. 71
26	Ansichten und Lagebeziehungen (von vorn, von hinten, von links, von rechts, von oben, von unten) beschreiben							AH, FöH, FoH, KVs S. 72

Muster und Strukturen

Seite	Inhaltsbezogene Kompetenzen	++	+	0	–	––	Bemerkungen	Empfehlung
3	Zahlen am Zahlenstrahl ablesen und markieren							AH, FöH, FoH, KVs S. 7–8
3	Nachbarzehner von Zahlen ermitteln							AH, FöH, FoH, KVs S. 7–8
3	Vorgänger und Nachfolger von Zahlen ermitteln							AH, FöH, FoH, KVs S. 7–8
8	Zahlen auf der Hundertertafel bestimmen							AH, FöH, FoH, KVs S. 20
8	Wege auf der Hundertertafel gehen							AH, FöH, FoH, KVs S. 20
9	Analogieaufgaben bestimmen und lösen							AH, FöH, FoH, KVs S. 21–22
20	Multiplikationsaufgaben in Kernaufgaben zerlegen							AH, FöH, FoH, KVs S. 56
20	Kernaufgaben für die Lösung weiterer Aufgaben verwenden							AH, FöH, FoH, KVs S. 57
22	Divisionsaufgaben mithilfe der Umkehraufgabe lösen							AH, FöH, FoH, KVs S. 63
23	Multiplikative Aufgabenfamilien finden und lösen							AH, FöH, FoH, KVs S. 64

Daten, Häufigkeit und Wahrscheinlichkeit

Seite	Inhaltsbezogene Kompetenzen	++	+	0	–	––	Bemerkungen	Empfehlung
16	Bewertung von Zufallsexperimenten als „sicher", „möglich" und „unmöglich"							AH, FöH, FoH, KVs S. 42

	Bündeln | Zahlzerlegungen	Gleichungen und Ungleichungen	Addition/Subtraktion (ZE + Z/ZE – Z)	Addition/Subtraktion (ZE + E/ZE – E)	Addition/Subtraktion (ZE + ZE/ZE – ZE)	Multiplikation verstehen | Tauschaufgaben	Multiplikationsaufgaben mit 2,10 und 5	Multiplikation | Nachbaraufgaben	Division	Fachbegriffe und Zahlenrätsel	Teilen mit Rest	Längen schätzen und messen	Strecken messen und zeichnen, cm, m	Euro und Cent	Kalender – Wochentage, Monate, Datum	Sachrechnen mit Geld | Kommaschreibweise	Uhr | Uhrzeiten | Tageszeiten | Zeitspannen	Sachrechnen mit der Zeit	Geometrische Formen	Symmetrie	Muster | Körper | Ansichten	Zahlenstrahl | Nachbarzahlen	Hundertertafel	Analogieaufgaben	Bezüge zwischen Multiplikationsaufgaben nutzen	Umkehraufgaben	Aufgabenfamilien	Wahrscheinlichkeit
100																												
90																												
80																												
70																												
60																												
50																												
40																												
30																												
20																												
10																												
0																												

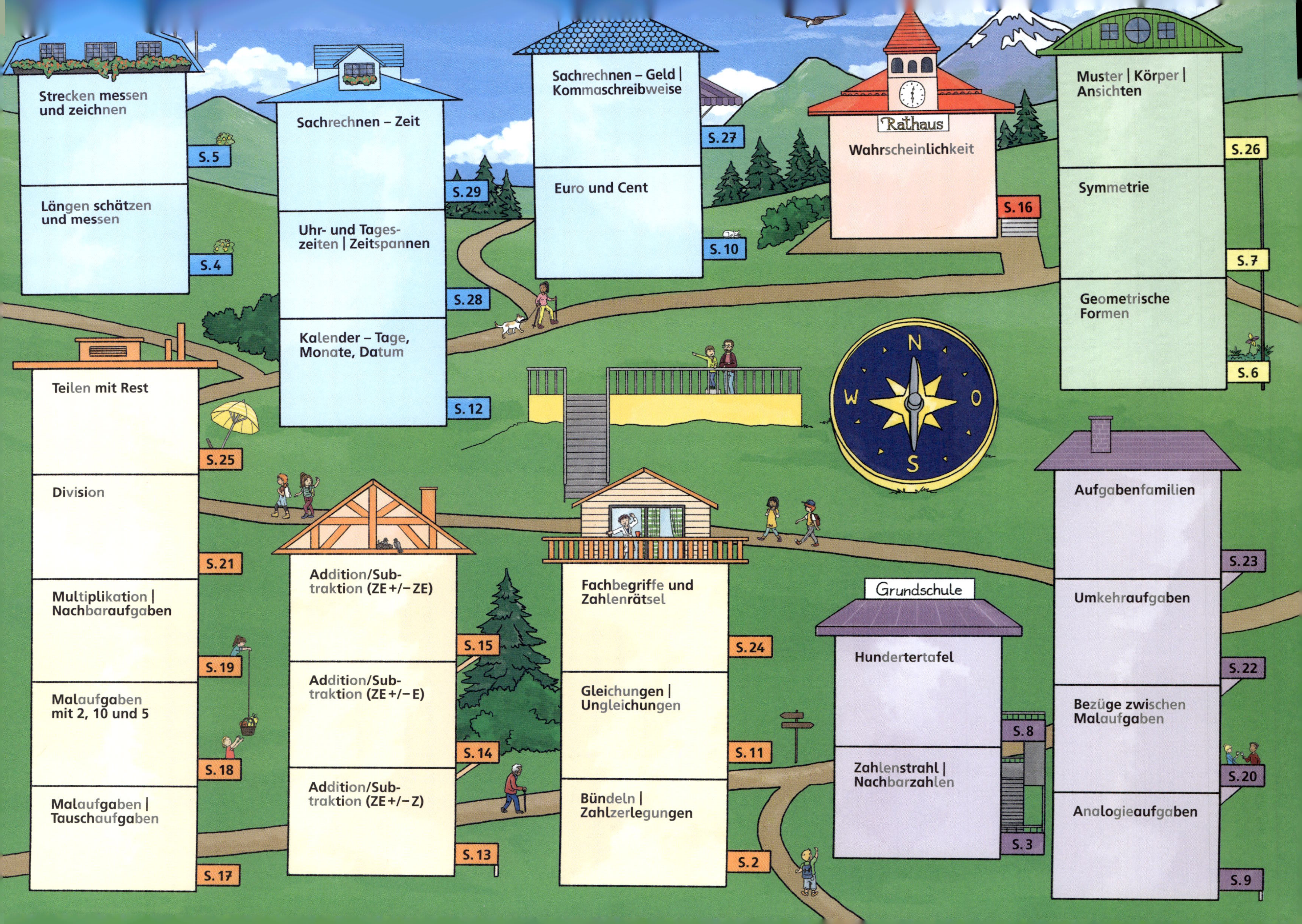
Strecken messen und zeichnen
S. 5
Längen schätzen und messen
S. 4
Sachrechnen – Zeit
S. 29
Uhr- und Tageszeiten | Zeitspannen
S. 28
Kalender – Tage, Monate, Datum
S. 12
Sachrechnen – Geld | Kommaschreibweise
S. 27
Euro und Cent
S. 10
Rathaus
Wahrscheinlichkeit
S. 16
Muster | Körper | Ansichten
S. 26
Symmetrie
S. 7
Geometrische Formen
S. 6
N
O
S
W
Teilen mit Rest
S. 25
Division
S. 21
Multiplikation | Nachbaraufgaben
S. 19
Malaufgaben mit 2, 10 und 5
S. 18
Malaufgaben | Tauschaufgaben
S. 17
Addition/Subtraktion (ZE+/–ZE)
S. 15
Addition/Subtraktion (ZE+/–E)
S. 14
Addition/Subtraktion (ZE+/–Z)
S. 13
Fachbegriffe und Zahlenrätsel
S. 24
Gleichungen | Ungleichungen
S. 11
Bündeln | Zahlzerlegungen
S. 2
Grundschule
Hundertertafel
S. 8
Zahlenstrahl | Nachbarzahlen
S. 3
Aufgabenfamilien
S. 23
Umkehraufgaben
S. 22
Bezüge zwischen Malaufgaben
S. 20
Analogieaufgaben
S. 9

Wie benutze ich den Lernkompass?

Der Lernkompass stellt sowohl für die Schülerinnen und Schüler selbst als auch für die Lehrkräfte und Eltern ein gutes Werkzeug für die Überprüfung und die Reflexion des Lernerfolgs dar. In regelmäßigen Abständen – etwa alle fünf Schulbuchseiten – bearbeiten die Schülerinnen und Schüler die zugeordneten Seiten im Lernkompass. Die Aufgabenformate sind dabei aus dem Unterricht bereits bekannt.

Die Schülerinnen und Schüler können sich auf der großen Lernlandkarte einen Überblick über den Lernstoff im ersten Schuljahr verschaffen. Sie dient zugleich der Orientierung. Die einzelnen Inhaltsbereiche sind dabei in Form von Stockwerken bei den abgebildeten Häusern dargestellt. Haben die Schülerinnen und Schüler einen Aufgabenbereich erledigt, erhalten sie motivierende Sticker. Diese dürfen auf das „erledigte" Stockwerk geklebt werden. Mithilfe der Selbstreflexion, in Form von anzukreuzenden Smileys, wird der eigene Lernfortschritt hinterfragt und bewusst gemacht.

Die Bepunktung der Aufgaben auf den Lösungsseiten dient zur genauen Analyse der Lernleistung. Dazu können Lehrkräfte die Punkte der Aufgaben in einer Tabelle unter www.das-mathebuch-2.de/lerndokumentation sowie dem folgenden QR-Code in prozentuale Werte umrechnen und diese im Diagramm „Meine Lerndokumentation" (Seite 32) zur Veranschaulichung eintragen.

Die genaue Aufschlüsselung der inhaltlichen Kompetenzen auf den letzten Seiten stellt eine gute Gesprächsgrundlage für die Lernentwicklungsgespräche mit den Kindern und Eltern dar. Zugleich erlauben es die engmaschigen Leistungsermittlungen und Erhebungen in kürzeren Intervallen, eventuelle Lernrückstände schnell zu erfassen und geeignete Fördermaßnahmen einzuleiten.

9 783619 257416
Bestell-Nr. 2507-41
ISBN 978-3-619-25741-6

Arbeitsheft

mit Lösungen

Zentrale Klausur 2023

Einführungsphase gymnasiale Oberstufe

Nordrhein-Westfalen

Texte, Themen und Strukturen

Deutschbuch für die Oberstufe

Cornelsen

Fünf Schritte zur Interpretation

Die Übungen in den Kapiteln 2 und 3 dieses Arbeitsheftes folgen dieser Gliederung:

1. Schritt:
Die Aufgabenstellung verstehen

Mit der Bearbeitung der Aufgabe sollten Sie erst beginnen, wenn Sie sich sicher sind, dass Sie
- genau verstanden haben, welche konkreten Anforderungen Sie erbringen müssen, um die Klausuraufgabe vollständig zu lösen (► Tipp: Operatoren beachten, S. 17)
- und eindeutig geklärt haben, auf welches Vorwissen Sie zurückgreifen müssen.

2. Schritt:
Erstes Textverständnis und Ideen formulieren

Bereits mit der ersten Lektüre verbinden sich im Sinne eines Verstehensprozesses Gedanken, Erinnerungen, Bilder, Empfindungen und Fragen. Sie schaffen die Ausgangsbasis Ihrer Interpretation, indem Sie
- das Gedicht gezielt und mit dem Stift in der Hand lesen (► S. 18),
- Ihre ersten Lektüreeindrücke notieren und prüfen, welche davon für die Lösung der Aufgabenstellung relevant sind,
- und Ihr erstes Textverständnis formulieren.

3. Schritt:
Den Text analysieren – Schwerpunktaspekte einüben

Der Schwerpunkt Ihrer Vorarbeit besteht in der zielbestimmten, das heißt auf die genaue Prüfungsaufgabe ausgerichteten Gedichtanalyse. Hierzu ist es erforderlich, dass Sie
- die in der Aufgabenstellung genannten Analyseaspekte schwerpunktmäßig untersuchen,
- durch vertieftes Lesen Ihr erstes Textverständnis überprüfen,
- die Wirkungsabsichten erkennen und interpretieren,
- ggf. weitere Kontexte – z. B. die Epoche, in der das Gedicht entstanden ist (► S. 13) – konkret einbeziehen und auf dieser Grundlage den weiterführenden Schreibauftrag bearbeiten.

4. Schritt:
Den Schreibplan erstellen

Bevor Sie beginnen, den Klausurtext zu verfassen, ist es ratsam, einen Schreibplan zu erstellen. Er dient zur
- eigenen Orientierung und zum Zeitmanagement während des Schreibens
- sowie zur Ordnung Ihrer Untersuchungsergebnisse in Form einer sinnvollen Reihenfolge.

5. Schritt:
Den eigenen Text überarbeiten

Die Darstellungsleistung spielt bei der Benotung Ihrer Klausur eine gewichtige Rolle (► S. 23 und 29). Lassen Sie sich daher zum Schluss der Klausur genügend Zeit, um
- die Darlegung Ihrer Ergebnisse und Gedanken hinsichtlich Vollständigkeit, Ordnung, Nachvollziehbarkeit und Logik
- sowie die sprachliche Korrektheit Ihres Textes zu überprüfen.